감정평가에 이의 있소!

감정평가사는
당신의 부동산 가치를 모른다

감정
평가에
이의
있소!

정석 지음

두드림미디어

당신의 재산에 대해 가장 잘 아는 사람은 누구인가?

2014년 9월, 한국전력은 서울 강남구 삼성동 본사 부지에 대한 입찰을 실시했는데, 현대차그룹이 10조 5,500억 원에 낙찰을 받아갔습니다. 이는 감정가의 약 3배에 이르는 금액이었습니다. 감정평가란 토지 등의 경제적 가치를 판정하는 작업인데, 감정가의 3배나 되는 금액에 낙찰된 것은 어찌 된 일일까요? 감정평가가 잘못되었던 것일까요, 아니면 당시 현대차그룹 정몽구 회장의 판단이 잘못되었던 것일까요? 정몽구 회장은 국가에 기여하는 의미에서 입찰가격을 많이 썼다고 하셨지만, 중견 감정평가사인 제가 보기에는 이렇습니다. 토지의 가치는 대개 거래사례비교법으로 평가됩니다. 아마 감정평가사들은 한전의 부지를 평가할 때, 관성에 의해 과거 거래사례들을 참고해 평가했을 것입니다. 그러나 대상 부지는 대한민국 최고의 입지에 있고, 또한 대형 토지로 과거의 거래사례들 중 아마 유사성이 높은 사례가 없었을 것입니다. 그렇다면 감정평가사 입장에서는, 유사성이 높은 사례가 없다 보니, 주변의 비교적 평범한 크기의 토지 거래사례들만을 조사했을 것으로 생각됩니다. 그러다 보니 그 가격 수준을 과감히 뛰어넘기는 어려워서, 결과적으로 낙찰가는 감정가보다 훨씬 높아진 것이 아닌가 생각됩니다.

즉, 대상 부지의 희소성과 효용성 등을 고려하면, 시장 가치는 당시 감정가보다는 훨씬 더 높게 평가되었어야 하는 게 아니었나 싶습니다. 물론, 현대차그룹의 입찰가가 당시 실제 시장 가치보다 다소 과하게 느껴지긴 하지만, 그렇다고 말도 안 되는 가격이라고 생각하지는 않습니다. 마치, 전 세계에 단 하나밖에 없는 유명 화가의 역작이 매우 높은 가격에 낙찰되는 것과 비슷한 이치입니다.

바꾸어 말하면, 당시 감정평가사들은 주변 거래사례들만 잘 조사했을 뿐, 진정한 가치를 판단함에 있어 미흡함 또는 한계가 있었던 것 같습니다. 토지 매수 가능자인 삼성그룹이나 현대차그룹 회장의 입장에서 생각해보지 않았거나, 그 입장을 헤아리는 데 있어 한계가 있었던 것이 아닐까요? 더 정확한 조사를 위해서는 대한민국 최고 입지의 대형 토지로는 비슷한 사례가 없으므로, 외국의 사례들도 깊이 조사해보았어야 하지 않았을까요? 물론 당시 감정평가가 명백히 잘못되었다는 것은 아닙니다. 법률적으로는 거래사례비교법에 의해 정당한 방법으로 평가를 한 것이고, 나름대로 합리적인 결과가 제시되었다고 생각합니다. 다만 이 사례는, 감정평가사의 한계를 드러내는 사례라고 생각합니다. 감정평가사는 이론적으로 가치 평가에 특화된 전문 자격사이기는 하지만, 부동산을 직접 개발하고 사업에 사용한 경험이 많은 사람들은 아닙니다. 게다가 그들에게는 주어진 업무 시간이 있습니다. 따라서 짧은 작업 시간 안에 모든 관련 법령과 부동산 시장 참여자의 생각을 헤아리기가 쉽지 않습니다. 그러니 감정가격이 현실과 괴리되는 경우도 없지는 않다는 것이죠.

감정가격이 이렇게 현실과 괴리되는 경우도 적지 않은데, 감정평가 제도가 왜 필요한가 생각하실 수도 있습니다. 그 이유는 간단히 말해서, 대량 평가를 위해서는 감정평가 제도가 유용하기 때문입니다. 엄밀하게, 부동산의 진정한 가치를 보다 더 정확하게 판정하기 위해서는 토질을 판단하는 환경 전문가, 도시계획 전문가, 토목 기술자, 건축가, 사회조사 분석사 등 다양한 전문가가 필요합니다. 부동산 가치평가마다 모든 전문가를 대동한다면 비용이 매우 많이 들 것입니다. 하지만 감정평가 제도를 마련하면, 비교적 적은 비용으로 대부분의 사람들에게 진정한 가치의 근사치를 제시할 수 있습니다. 감정평가사들은 만물박사는 아니지만, 주변 유사 토지의 거래사례 등을 바탕으로 합리적인 의견을 제시할 수 있는 것입니다.

이렇게 감정평가 제도가 유용한 역할을 하고 있는 것은 사실이지만, 앞서 말씀드렸듯이 한계가 있는 것도 사실입니다. 하지만 대한민국의 현실에서는 감정평가사의 세심하지 못한 감정가격이 누군가의 재산의 가치를 결정해버리는 경우가 많습니다. 현실적으로 감정평가액이 한번 나와버리면 바꾸기가 매우 어렵습니다.

한번 나온 감정평가 결과를 바꾸려면, 객관적이고 명백한 근거를 바탕으로 기존 감정평가 결과를 논파할 수 있어야 합니다. 하지만 많은 경우, 평가사들은 그렇게 할 역량이 없습니다. 또 할 수 있다고 하더라도 관행상 주저합니다. 괜히 다른 평가사의 평가액에 태클을 걸었다가, 내가 맞느니 당신이 맞느니 하는 분쟁에 휘말리기 쉽고, 이는 돈도 안 될 뿐더러 매우 피곤한 일이기 때문입니다. 또한 자신의 평가결과도 언제 뒤집힐지 모르기 때문에, 서로 봐주기식으로 다른 평가사의 평가 선례는 뒤집지 않으려고 합니다. 저는 물론 이것이 잘못된 관행이라고 생각합니다. 자신의 평가가 잘못되었다고 하더라도 그것을 인정하고 끝까지 책임지는 태도가 필요하다고 봅니다. 계속 서로 봐주기식으로 간다면 피해를 보는 것은 결국 시민들일 것입니다.

감정평가 제도에는 이렇게 한계가 있지만, 감정평가가 우리에게 미치는 영향은 매우 강력할 수 있습니다. 극단적으로, 감정평가 결과에 불만을 품고 남대문에 불을 질렀던 한 사람을 생각해보십시오. 물론 그의 행동이 잘한 일은 아니지만, 오죽했으면 그랬을까 하는 생각이 드는 것도 사실입니다. 그래서 우리는 감정평가, 그리고 그에 대처하는 방법에 대해 알아야 하며, 감정평가 결과에 이의를 제기할 수 있는 식견을 갖추어야 합니다. 결국, 내 재산의 진정한 가치를 가장 잘 알고 변호할 수 있는 사람은 바로 나 자신이지, 감정평가사가 아닙니다. 그러므로 이제 다음과 같은 내용들을 살펴보고자 합니다.

먼저, 감정평가를 받을 일이 있을 때 어떻게 제대로 받을 수 있는지 살펴볼 것입니다(주로 공적 평가인 보상평가, 재개발·재건축에서의 평가에서 대처 방법을 살펴볼 것입니다. 사적 평가인 담보평가, 절세 목적 평가 등은 평가결과가 나오기 전에 평가사와 사전 상담과 조율이 가능하기 때문에 이에 대한 설명은 생략합니다). 이어서 감정평가에 이의를 제기할 만한 사례들, 그리고 이의를 제기하면 오히려 불리할 수 있는 사례들을 고려할 것입니다. 이렇게 다양한 사례들을 공부한다면, 아는 만큼 보이게 될 것입니다. 마지막으로는 보상 또는 재개발·재건축 감정평가 이후의 제도적 대처 방안, 그리고 현실적 대처 방안들을 살펴볼 것입니다. 이러한 지식들은 여러분의 재산을 지키는 데 도움이 될 뿐 아니라, 변호사 보수 등 각종 비용도 절감시켜줄 것이라고 생각합니다.

정석

2장 사례로 살펴보는
감정평가에 이의를 제기하는 게 맞는 걸까?

3장   감정평가 이후의 대응 방안

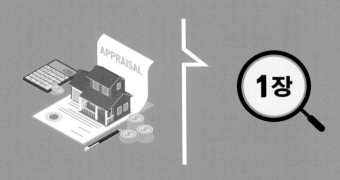

1장

감정평가
잘 받는 방법

협의보상 감정평가

Q 들어가며 협의보상 감정평가가 매우 중요한 이유

협의보상 감정평가는 매우 중요합니다. 그 이유를 이해하기 위해, 먼저 토지 보상금이 어떤 식으로 책정되는지 이해할 필요가 있습니다. 도로건설이나 신도시개발, 주택재개발 같은 공익사업을 위해서는 사업시행자가 먼저 토지를 취득해야 하는데, 얼마에 토지를 취득할 것인지 협의하기 위해서 먼저 사업시행 대상 토지에 대한 기본조사를 합니다. 지목이 무엇이고, 이용 상황은 무엇인지 등을 조사해서 토지조서라는 것을 만듭니다. 그리고 그 토지조서를 감정평가기관에 넘겨주면서 1차 감정평가를 의뢰하고, 그 결과를 바탕으로 소유자와 협의하게 됩니다.

협의가 잘 이루어지지 않으면, 공익사업의 사업 시행자는 토지 강제 수용절차에 돌입하게 됩니다. 공공필요에 의해서 토지를 취득하는 것이니까, 이제 법에 의해서 강제력을 행사하는 것입니다. 그래도 협의가 안 되면 토지수용위원회에 "저희가 협의가 잘 안 되니까, 중재해서 결정해주세요!" 하면서 수용재결이라는 것을 신청합니다(여기서 수용이라는 단어는 강제로 거두어 쓴다는 의미가 있습니다).

그러면 토지수용위원회는 중재를 위해서, 먼저 사업시행자가 토지조서를 잘 작성했는지 검토합니다. 예를 들어 대지가격으로 보상을 해주어야 하는데 도로가격으로 보상을 해주는 것은 부당한 일이니까 말이죠. 그렇게 토지조서를 검토하고 수정한 다음에는 수정된 토지조서를 가지고 수용재결을 하기 위해서 다른 감정기관에 감정평가를 의뢰하게 됩니다.

그런데, 토지조서가 좋은 것으로 바뀌지 않는 이상, 예를 들어서 토지 이용 상황이 도로에서 대지로 바뀌지 않는 이상, 1차 감정평가에서 부당하게 낮게 평가되었더라도, 수용재결 감정평가에서도 1차 감정평가 결과 대비 많이 올려주지 않는 경우가 많습니다. 그리고 수용재결 감정평가에 불만이 있어서 이의신청을 하면 중앙토지수용위원회에서 이의재결을 하게 되는데, 이의재결 감정평가에서도 역시 평가액이 많이 올라갈 가능성은 거의 없습니다. 왜 그럴까요?

'공익사업을 위한 토지 등의 취득 및 보상에 관한 법률 시행규칙' 제17조 제2항 제2호에 보면, 2개 또는 3개 기관에서 감정평가를 실시했는데 대상 물건의 평가액 중 최고 평가액이 최저 평가액의 110%를 초과하는 경우에는 재평가를 의뢰하도록 규정하고 있습니다. 이런 규정이 있다 보니까, 종전 평가액 대비 심하게 차이가 나면 담당 평가사는 그것에 대해서 해명해야 하고, 한국감정평가사협회의 감정평가심사위원회에 불려가든지, 감정평가 적정성 심의위원회에 불려갈 수도 있습니다. 나중에 감정평가 타당성조사를 받을 가능성도 생깁니다. 그러면 엄청 번거롭고 힘들어집니다. 그래서 웬만하면 평가사들이 종전 평가결과 대비 별로 올려주지 않는 것입니다. 대개 2~3% 올려주고, 많으면 5~6% 올려줍니다. 그래서, 1차 감정평가 때 제대로 평가를 받는 게 아주 중요합니다.

수용재결평가나 이의재결평가에 불만이 있으면 보상금 증액 소송을 제기할 수 있습니다. 그런데, 소송평가라고 과연 다를까요? 전혀 다를 것이 없습니다. 대부분은 찔끔 올려주는 겁니다. 물론 종전 평가결과가 큰 이상이 없어서 그냥 찔끔 올려주는 거라면 별문제가 안 되겠지만, 만약 1차 보상평가가 저평가되었다면, 큰 논란이 발생합니다.

예를 들어, 이런 실제 사례가 있었습니다. 어떤 개발사업이 발표된 것은 2015년 12월이고, 1차 감정평가의 기준 시점은 2019년 4월이고, 재결 감정평가의 기준 시점은 2020년 1월이라고 합시다. 그런데 1차 감정평가에서 일반적 경기 변동에 의해서 토지 가격이 크게 오르기 이전의 사례를 통해 평가해서 토지 가격을 상당히 낮게 평가하게 되었습니다. 그런데, 수용재결평가나 이의재결평가에서 이 문제를 바로잡지 않고 그냥 종전 감정평가 때보다 찔끔 올려서 평가했다면 어떻게 될까요? 각 단계마다 5~6%씩 올려줬다고 해도 정상적인 시장 가치를 따라가지 못하게 됩니다. 결국 현저히 저평가되는 문제가 발생하는 것이죠.

그런데 인근 지역의 다른 보상 사례들을 봐도 이러한 문제들이 똑같이 발생합니다. 인근 지역의 그 낮게 평가된 사례를 끌고 와서 관행적으로 찔끔 올려서 평가해놓고는 "나는 낮게 평가한 게 아니다"라고 갖다 붙이는 겁니다. 저는 상당히 무책임한 태도라고 생각합니다. 감정평가사들이 자기가 총대를 멜 생각은 안 하면서 "보상금이 마음에 안 드시면 이의신청하시면 되고요, 소송 제기하시면 됩니다"라고 하는 것도 상당히 무책임한 말이죠. 아무 생각 없이 먼저 평가한 사람을 거의 따라 할 거면 2차, 3차, 4차 평가가 무슨 소용이 있을까요?

이렇게 1차 감정평가가 잘못되면 이를 바로잡기가 대단히 힘듭니다. 논란을 무릅쓰면서 기존 평가결과를 크게 바꾸고자 하는, 총대를 메려는 감정평가사가 별로 없기 때문입니다. 그래서 자기 부동산의 가치를 제대로 알고, 1차 보상평가 때 이를 제대로 반영하도록 어필하는 일이 매우 중요합니다. 이번 장에서는 부동산 유형별로 보상평가에서 어떤 점들을 어필해야 하는지, 주요 포인트들을 짚어볼 것입니다.

Q 농경지

특히 내 토지가 개발하기 좋은 농경지라면 이를 적극적으로 어필할 필요가 있습니다. 개발하기 좋은 농경지일수록 희소가치가 있습니다. 산골짜기에 있는 맹지 같은 경우 아주 싼 가격에 내놓아도 거래가 잘 안 됩니다. 반면 건축이 가능한 도로에 접해 있으며 창고나 공장 등으로 개발하기 좋은 위치에 있는 농경지의 경우 훨씬 더 높은 가격으로 거래됩니다. 따라서 개발이 용이한 농경지는 그렇지 않은 농지에 비해 훨씬 높게 평가되어야 마땅합니다.

하지만 공시지가의 수준 차이를 비교해보면, 실상과는 상당히 다른 경우가 많습니다. 예를 들어, 4m 도로에 접해 있는 농경지, 그리고 바로 뒤편에 위치하기는 하지만 맹지의 경우 공시가격의 차이를 조사해보십시오. 맹지의 공시가격 수준이, 도로에 접해 있는 농경지에 비해 보통 60% 내외 정도는 될 것입니다. 하지만 실제 토지 시장에서 도로에 접해 있는 농경지는 맹지 가격의 2~3배 또는 그 이상으로도 거래될 수 있습니다. 바꾸어 말하면, 대체적으로 맹지의 공시가격 수준이 상대적으로 고평가되고 있는 셈입니다.

유감스럽게도 보상 감정평가에서도 이러한 경향이 나타나는 경우가 상당히 많은 것 같습니다. 개발하기 좋은 농경지를 3.3m^2당 100만 원에 평가한다면 안쪽 맹지는 공시지가 수준 차이와 유사하게 기계적으로 3.3m^2당 60만 원으로 평가하는 것입니다. 물론, 안쪽 맹지의 거래사례들 중에는 높게 거래된 사례도 있으니 그렇게 평가한다고 해도 전혀 근거 없이 평가하는 것은 아닙니다. 하지만, 토지 소유자의 입장에서 생각해보겠습니다. 개발 가능성이 희박하고 매매도 잘 안 되는 맹지는 어차피 큰 쓸모가 없는 땅이니 누가 사주면 고마운 일입니다. 하지만 꽤 유용하게 개발해 쓸 수도 있는 토지가 강제로 수용되는 것은 아까운 일입니다. 그러므로 맹지를 보상평가할 때는 낮은 거래사례를 포함해 평균적 거래사례 수준으로 평가하는 것이 합당할 것입니다. 반면 비교적 희소성이 높은 농경지를 평가할 때는 높게 거래된 사례를 중심으로 판단해 평가하는 것이 더 타당할 것입니다. 그러므로 내 농경지가 개발이 용이한 경우라면 특히 이러한 점들을 담당 감정평가사에게 (문서로 정리해) 어필할 필요가 있습니다.

A, B 토지 중 가치가 높은 토지는?

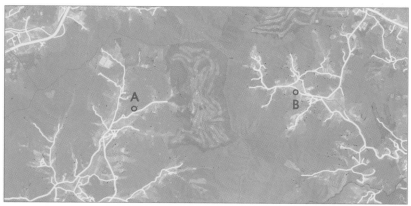

출처 : 네이버 지도

예를 들어 생각해보겠습니다. 이 지도에서 A토지와 B토지는 같은 시골 지역이고, 접근성도 비슷하고, 똑같이 4m 도로에 접하며, 용도 지역 등 공법상 제한사항도 똑같다고 해보겠습니다. 그러면 두 토지는 가치가 비슷하다고 할 수 있을까요?

그렇지 않습니다. A토지는 중앙에 위치한 대형 골프장으로 향하는 유일한 길목에 위치해 있습니다. 당연히 B토지보다는 A토지를 지나는 차량 통행이 훨씬 많을 것입니다. 그러면 A, B 두 토지가 매물로 나왔을 때, 펜션이나 음식점을 개발하고자 하는 사람은 어느 토지를 매입하려고 할까요? 당연히 A토지일 것이고, 때에 따라서는 훨씬 더 높은 가격에 매매될 것입니다. 개발되지 않은 토지의 공급은 이론상 무한에 가깝습니다. 바꾸어 말하면 B토지와 같은 토지는 흔히 볼 수 있는 토지이고, A토지의 경우 희소성이 높은 토지입니다. 즉, B토지는 거래되지 않을 가능성이 높으며, A토지는 훨씬 쉽게 거래될 가능성이 높습니다.

이렇듯, 내 토지를 어떻게 개발하면 최고의 수익을 창출할 수 있을지 면밀히 검토해보시기 바랍니다. 그래서 주변 토지보다 유리한 점이 있다면 이를 담당 감정평가사에게 문서를 통해 적극 어필하기 바랍니다. 상대적으로 희소성이 있는 농경지의 예는 이 밖에도 많겠지만, 두 가지 예를 더 들어보겠습니다. 먼저 '가축사육제한구역'입니다.

다음 페이지의 도면은 토지이음에서 캡처한 것입니다. 토지이음 도면에서는 지역지구에 따른 영역을 확인해볼 수 있습니다. 도면에서 붉은색으로 표시된 부분이 '가축사육제한구역'에 해당함을 알려주고 있습니다. 각 토지의 토지이용계획확인서상에도 가축사육제한구역에 해당하는 경우 그 사항이 표기됩니다.

그런데, 주변이 다 가축사육제한구역인데 해당 토지는 그렇지 않은 경우, 축사를 새로 지을 수 있기 때문에 상대적 희소성이 있습니다. 그래서 더 높은 가격에 거래될 것입니다. 감정평가에서는 이러한 사항을 미처 확인하지 못할 수 있으므로 내 토지가 이에 해당한다면 담당 감정평가사에게 적극 어필할 필요가 있습니다.

가축사육제한구역의 표시

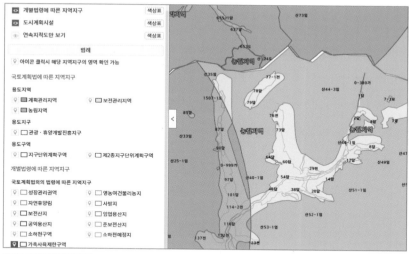

출처 : 토지이음 홈페이지

한편, 이미 축사가 세워져 있고 축산업을 영위하고 있는데 가축사육제한구역으로 지정된 경우가 있습니다. 이런 경우 기득권을 인정받아 기존 축산업을 계속할 수 있습니다. 그렇다면 동일하게 지목이 '전'이라고 하더라도 일반적인 '전'보다는 가치가 높다고 할 수 있습니다. 이런 경우도 역시 적극적으로 어필할 필요가 있을 것입니다.

다음 예로서, 소규모 단절 토지에 대해 생각해보겠습니다. 개발제한구역 또는 농지법상 농업진흥지역에 해당하는 농경지는 제한이 강해 사실상 농사밖에 못 짓는 땅입니다. 하지만 도로나 철도 등으로 농로가 차단되는 등 기능을 상실한 경우 때에 따라 개발제한구역 또는 농업진흥지역 해제가 가능합니다. 그렇게 되면 가치가 매우 높

관련 규정 '농지법 시행령' 제28조 제1항 제3호 나목

제28조(농업진흥지역 등의 변경·해제) ①법 제31조 제1항 본문에 따라 시·도지사가 농업진흥지역 또는 용도구역을 변경 또는 해제할 수 있는 경우는 다음 각 호와 같다 (개정 2016. 11. 29, 2019. 6. 25, 2021. 10. 14, 2022. 5. 9).

  3. 다음 각 목의 어느 하나에 해당하는 경우로서 용도구역을 변경하는 경우

    나. 해당 지역의 여건 변화로 농업진흥구역 안의 3만㎡ 이하의 토지를 농업보호구역으로 변경하는 경우

    [또한 '농업진흥지역관리규정'(농림축산식품부 훈령) 참조]

관련 규정 '개발제한구역의 지정 및 관리에 관한 특별조치법 시행령' 제2조 제3항 제5호, 제6호

제2조(개발제한구역의 지정 및 해제의 기준) ③ 법 제3조 제2항에 따라 개발제한구역이 다음 각 호의 어느 하나에 해당하는 경우에는 국토교통부장관이 정하는 바에 따라 개발제한구역을 조정하거나 해제할 수 있다(개정 2009. 8. 5, 2012. 5. 14, 2012. 11. 12, 2013. 3. 23, 2013. 10. 30, 2015. 6. 1, 2015. 9. 8, 2016. 3. 29).

  5. 도로(국토교통부장관이 정하는 규모의 도로만 해당한다)·철도 또는 하천 개수로(開水路)로 인하여 단절된 3만㎡ 미만의 토지. 다만, 개발제한구역의 조정 또는 해제로 인하여 그 지역과 주변지역에 무질서한 개발 또는 부동산 투기 행위가 발생하거나 그 밖에 도시의 적정한 관리에 지장을 줄 우려가 큰 때에는 그러하지 아니하다.

  6. 개발제한구역 경계선이 관통하는 대지(垈地 : '공간정보의 구축 및 관리 등에 관한 법률'에 따라 각 필지로 구획된 토지를 말한다)로서 다음 각 목의 요건을 모두 갖춘 지역

    가. 개발제한구역의 지정 당시 또는 해제 당시부터 대지의 면적이 1천㎡ 이하로서 개발제한구역 경계선이 그 대지를 관통하도록 설정되었을 것

    나. 대지 중 개발제한구역인 부분의 면적이 기준 면적 이하일 것. 이 경우 기준 면적 은 특별시·광역시·특별자치시·도 또는 특별자치도(이하 "시·도"라 한다)의 관할구역 중 개발제한구역 경계선이 관통하는 대지의 수, 그 대지 중 개발제한구역인 부분의 규모와 그 분포 상황, 토지 이용 실태 및 지형·지세 등 지역 특성을 고려해 시·도의 조례로 정한다.

  7. 제6호의 지역이 개발제한구역에서 해제되는 경우 개발제한구역의 공간적 연속성이 상실되는 1천㎡ 미만의 소규모 토지

    [또한 '개발제한구역의 조정을 위한 도시·군관리계획 변경안 수립지침'(국토교통부훈령) 참조]

아집니다. 따라서 이러한 토지는 매매가격도 주변 토지들에 비해 높게 형성될 것입니다. 감정평가에서도 이러한 경우를 간과하지 않도록 어필할 필요가 있습니다.

이 밖에도 다양한 사례들이 있을 것입니다. 요컨대, 주변 토지에 비해 자신의 토지가 어떤 점에서 우세하고 희소성이 있는지를 정리해 어필하는 것이 필요합니다. 대량 평가를 하다 보니 감정평가사들이 미처 확인하지 못하는 사항이 있을 수 있기 때문입니다.

Q 임야

임야는 대개 산림을 뜻합니다. 산림은 '산지관리법'에서 규율하고 있는데, '산지관리법'상 보전산지냐, 준보전산지냐의 여부는 매우 중요합니다. '국토의 계획 및 이용에 관한 법률'에서 규정하는 용도지역(예 : 자연녹지지역)이 같다고 하더라도, 보전산지 여부에 따라서 그 가치는 천지 차이입니다. 실질적으로 대개는 준보전산지만 개발이 가능하다고 보면 되기 때문입니다. 하지만 감정평가에서 용도지역이 같다는 것만 확인하고, 보전산지와 준보전산지는 잘 구분하지 않고 평가하는 경우가 간혹 있습니다. 자신의 임야가 주변 산지와는 다르게 준보전산지에 해당한다면, 이를 담당 감정평가사에게 잘 주지시킬 필요가 있습니다.

준보전산지의 표시

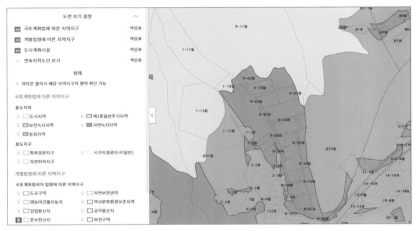

앞의 토지이음 도면에서도, 용도지역이 자연녹지지역(연두색)으로
같다고 하더라도 준보전산지에 해당하는 부분(붉은색 부분)과 보전
산지에 해당하는 부분이 따로 있음을 알 수 있습니다.

임야에서 필히 살펴보아야 할 사항은 경사도, 그리고 나무가 울창
한 정도(울폐도)입니다. 경사가 지나치게 가파르거나, 나무가 빽빽한
임야는 개발 허가가 나지 않기 때문입니다. 개발행위허가의 기준은
각 지방자치단체의 조례에서 찾아볼 수 있습니다. 우리들 대부분은
산림 전문가가 아니므로 정밀한 조사는 어렵겠지만, 경사도와 울폐
도에 대한 개략적인 정보는 '임업정보다드림(gis.kofpi.or.kr)'에서
볼 수 있습니다. 이 사이트를 필히 참고해, 주변 토지보다 유리한 사
항을 찾아야 합니다. 그래서 주변 임야보다 수익성이 높거나 이러저

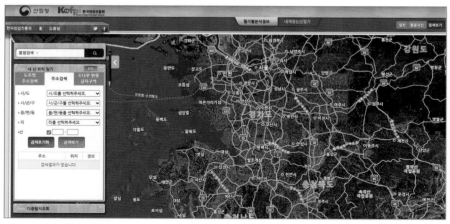

출처 : 임업정보다드림 홈페이지

러한 용도로 개발이 가능하다고 판단된다면 그 사항을 담당 감정평
가사에게 적극 어필해야 합니다.

임업정보다드림 사이트에서는 필지별 산림 분석 정보를 볼 수 있
습니다. 필지별로 청정도, 주요 수종, 표고, 경사도, 울폐도, 기후 정
보 등의 내용이 나옵니다. 때때로 지목만 '임야'일 뿐, 경사도가 거
의 없고 평지인 토지도 있습니다. 대개 임야는 개발이 용이하지 않
으므로 농경지보다 가치가 낮지만, 평지인 임야라면 오히려 농지보
다 가치가 높을 수도 있습니다. 농지를 개발할 때는 '농지법'상 농
지전용부담금을 납부해야 하며, 산지를 개발할 때는 '산지관리법'상
대체산림자원조성비를 납부해야 합니다. 그런데 단위면적당 납부해
야 할 금액이 농지가 더 높은 경우도 많기 때문에 다른 사항이 동일

하다면 평지인 '임야'는 오히려 농지보다도 가치가 높을 수 있습니다. 달리 말하면, '임야'는 경사도 등 개발의 용이성 등에 따라 가치의 편차가 매우 큽니다.

하지만 감정평가에서는 그런 종류의 임야를 현저히 저평가하는 경우가 있습니다. 왜 이런 경우가 생길까요? 토지 보상 감정평가에서는 비교표준지를 선정하고 그와 비교해 평가하는 방식을 따르게 되는데, 평지인데도 불구하고 지목이 임야라는 이유만으로 비교표준지를 경사가 상당한 '임야'로 선정하기도 합니다(사실 이러한 토지는 비교표준지를 농지로 삼는 것이 더 타당할 것입니다). 그에 더해 개별 요인 품등 비교를 소극적으로 함으로써 결과적으로 시장 가치에 비해 현저히 저평가하게 됩니다.

2019년 9월, 한 언론보도에 따르면 강원도 홍천군의 어떤 임야는 감정가격이 약 700만 원에 불과했습니다. 그런데 낙찰가는 무려 약 3억 7,000만 원, 감정가의 약 51배에 달했습니다. 자세한 내막은 알 수 없으나, 제가 보기에는 풍광이 뛰어난 대상 물건을 저평가했던 것으로 보입니다. 이 밖에도 감정가의 수십 배에 낙찰되는 임야 사례들을 심심치 않게 볼 수 있습니다. 이러한 사례는 감정평가사들도 임야의 진정한 가치를 판정하는 데 있어 어려움을 겪는 경우가 적지 않다는 것을 반증하는 것입니다.

앞서 살펴보았듯이 농지도 개발이 용이한, 상대적 희소성이 있는 농지와 그렇지 않은 농지 간의 가격 격차율이 큽니다. 하지만 임야는 더더욱 그 격차율이 클 수밖에 없습니다. 맹지이면서 나무도 못 베는 임야는 거래되기가 매우 어려워서, 심지어는 공시지가에도 못 미치는 가격으로 거래되기도 합니다. 반면, 개발하기 좋은 임야는 앞서 언급했듯이 농지보다도 가치가 높을 수 있습니다.

한편, '산지관리법'상 '보전산지'에 해당한다고 하더라도, 관련 법령에서 허용하는 개발용도가 전혀 없는 것은 아닙니다(자세한 사항은 필자의 저서《부동산의 가치를 높이는 방법》을 참고하실 수 있습니다). 예를 들어, 내 토지가 보전산지에 해당하기는 하지만, '캠핑장'으로 개발이 가능할 수 있습니다. 충분히 사업성이 있을 것으로 생각된다면, 이를 어필해볼 수도 있을 것입니다. 이처럼 자기 토지의 가치를 어필하기 위해서는 최고의 수익을 얻을 수 있는 방안이 무엇인지 생각하는 것도 필요합니다.

Q 주택

도시의 주택들에 관해서는 차후 재개발·재건축에서의 감정평가 파트에서 논하기로 하고, 여기에서는 보상사업에 편입된 시골의 전원주택 또는 농촌주택에 관해 이야기해보겠습니다. 일반적으로 전원주택은 다른 사람이 지어놓은 것을 구매하기보다는 건축주의 취향대로 새로 건축하는 것을 선호하는 경향이 강합니다. 그러다 보니 건물의 개성은 제각각이며, 따라서 구축 전원주택은 매매가 쉽지 않습니다. 급매물을 보다 보면, 건물값은 거의 치지 않고 땅값만으로 매도하기를 원하는 전원주택 매물을 어렵지 않게 볼 수 있습니다. 불과 10년 정도만 경과했다고 해도 그렇습니다.

그러므로 시골의 주택은 빠르게 감가상각된다고 보면 됩니다. 유튜버 김딸기님의 말씀대로, 전원주택은 외제차와 같습니다. 감가상각이 매우 빠릅니다. 따라서 신축 주택과 구축 주택 간의 건물가격 격차율이 크다고 할 수 있고, 감정평가에서는 이 점을 반영해야 할 것입니다.

그런데 일반적인 실무 관행을 보면, 보상평가에서는 시골의 주택이라고 해 감가상각을 가혹하게 하지 않습니다. 따라서 대개의 경우, 굳이 감정평가사에게 강하게 어필할 필요가 없습니다. 다만 현장조사를 받기 직전에 전문 청소부를 고용해, 집의 내부와 외부를 깨끗하게 청소하면 좋은 인상을 줄 수 있습니다. 페인트가 오래되었다면 페인팅을 하는 것도 많은 도움이 됩니다. 또한 데크 또는 정원이 있다면 아무래도 깔끔하게 해놓는 편이 좋은 인상을 줄 것입니다. 담장 같은 경우도, 일반적인 담장보다 고급 자재를 사용하고, 또한 두껍게 쌓았다면 그 점도 놓치지 않도록 주지시킬 필요가 있습니다.

그리고, 일반적인 주택과는 달리 매우 비싼 자재를 사용해 건축한 경우가 있을 수 있습니다. 또는 현지 여건상, 건축비가 일반적인 경우보다 훨씬 많이 들었을 수 있습니다. 그런 경우는 반드시 건축 당시의 도급계약서 등 비용에 관한 자료를 미리 확보해 제시할 필요가 있습니다. 혹시 자료를 가지고 있지 않다면 건축가, 시공사 측에 꼭 협조를 부탁해보시기 바랍니다. 감정평가사는 건축 전문가가 아니므로, 그냥 육안으로 고급 자재를 알아보고 일반적인 주택보다 더 많이 평가해줄 리가 거의 없기 때문입니다.

그 밖에 자신의 주택이 유리한 점이 있다면 어필할 수 있습니다. 예를 들어, 옥상에서 본 전망이 매우 뛰어나다든지, 상업적 가치가 있는 경우가 있습니다. 아주 약간만 손을 보면 카페로서도 충분히 매력적인 경우가 있을 수 있습니다. 일반적으로 시골 주택을 보상평가할 때는, 토지는 토지대로 거래사례비교법으로 평가하고, 건물은 원가방식으로 평가하는 것이 보통입니다. 하지만 실제 시골 주택을 거래할 때는, 건물과 조경의 관리 상태 등에 따라 '원가' 이상 또는 이하로도 거래될 수 있습니다. 자신의 주택이 '원가' 이상의 효용가치를 창출하고 있다고 생각된다면, 그 포인트를 강조해주시기 바랍니다. 분명 도움이 될 것입니다.

Q 공장

보상지역에서의 사업장은 대개 상가보다는 공장이 많습니다. 상가에 관해서는 재개발·재건축에서의 감정평가 부분에서 논하기로 하고, 여기서는 공장 감정평가를 잘 받는 방법에 관해 이야기해보겠습니다.

앞서 다른 유형의 부동산과 마찬가지로, 내 공장 부지가 어떤 희소성을 가지고 있는지 생각해보아야 합니다. 건물도 마찬가지로, 똑같은 면적이라도 폭이 좁고 긴 형태로 되어 있다면, 지게차가 드나들기 불편하므로 선호도가 떨어지는 부동산이 됩니다. 물류창고의 경우 차량이 편리하게 접안할 수 있는지도 중요합니다. 이렇듯 어떤 점에서 임차인이 선호하는 부동산인지를 생각해보아야 합니다.

　매우 중요한 한 가지로 대형 차량이 드나들기가 편리한지, 교차 통행이 가능한지의 여부도 생각해보아야 합니다. 주변 공장들보다 그런 점에서 편리하다면, 이 점을 적극 어필할 수 있습니다. 비슷한 폭의 도로에 접한다고 하더라도, 도로의 구조 등에 따라 차량의 진출입 편리성이 크게 다를 수 있습니다. 이에 따라 매매가격 수준도 크게 달라질 수 있습니다. 따라서 도로의 폭 그리고 구조도 잘 보아야 하는데, 이 점을 고려하는 데 있어서, 대형 차량들이 진출입하는 데 요구되는 최소한의 도로폭을 알아두는 것이 도움이 됩니다. 다음은 대형 차량 종류별로 진입도로에 소요되는 도로 폭 등을 정리한 표입니다. 참고하실 수 있겠습니다.

대형 차량에 소요되는 최소 도로 폭 (단위 : m)

차량의 종류	전장	차폭	소요 도로 폭	소요 점유 폭	최소 회전 반경
20피트 컨테이너	12.50	2.49	6.50	6.0	9.9
40피트 컨테이너	16.50	2.49	7.99	7.5	12.0
카고 6*2	11.81	2.49	6.3	5.7	9.9
카고 8*4	11.95	2.49	6.4	5.8	10.3
前2축	11.56	2.49	6.8	6.5	11.4
로리(前2축)	9.21	2.49	5.9	5.9	8.6
덤프트럭 6*4	7.64	2.49	4.7	4.5	6.6
대형버스	10.43	2.49	6.0	6.0	8.3
대형버스 12m	11.99	2.49	6.6	6.9	8.7

출처 : 저자 제공

20피트 컨테이너의 회전반경

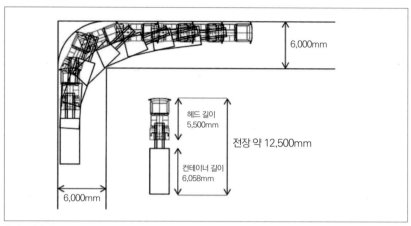

출처 : 저자 제공

　한편, 일반 매매에서는 거래처를 많이 확보한, 영업이 잘되고 있는 공장의 경우 무형의 가치를 반영해 더 비싸게 거래될 것입니다. 그래서 영업이 잘되고 있다면 보상평가에서도 이러한 점을 어필할 필요가 있다고 생각할 수 있습니다. 물론 어느 정도 맞는 이야기이지만, 공장 양도양수와 강제수용은 조금 다릅니다.

　공장 양도양수는 공장의 무형적 가치까지 모두 넘기는 것이지만, 강제수용은 공장을 이전만 시키는 것입니다. 공장 운영과 관련된 무형의 가치는 이전한다고 해서 없어지는 것이 아니지요. 다만 이전함으로 인해, 현재 위치에서 영업하는 장소적 이익은 사라질 것입니다. 그래서 보상법에서는 영업손실보상 대상에 해당하는 경우 휴업기간의 영업손실, 이전에 따른 개업비, 중개수수료, 이전 광고비 등 부대비용 등도 보상하도록 규정하고 있습니다. 이 점은 다음 항목(영업권)에서 더 자세히 살펴볼 것입니다.

Q 영업권

영업권 손실보상 대상이 되려면, 사업인정고시일 등 이전부터 적법한 장소에서 영업을 했어야 합니다. 다만, 무허가 건축물 등에서 사업인정고시일 등 1년 이전부터 사업자등록을 하고, 임차인이 영업하는 경우는 일정 한도 내에서 보상 대상이 됩니다.

앞서 언급했듯이, 영업권 보상평가는 강제수용으로 인한 장소적 이익의 상실을 보상하기 위한 것입니다. 그래서 영업장소의 이전이 수월하고, 이전해도 영업에 별다른 지장이 없는 경우는 보상 대상이 아닙니다. 예컨대 주로 인터넷으로 영업활동을 하는 사무실 등이 그에 해당합니다. 그런 경우에는 이전비만 보상합니다.

영업권 보상평가 항목은 대개 휴업기간(일반적인 경우 4개월 이내) 동안의 영업이익, 고정적 비용, 이전비(이전 불가능한 인테리어 등 포함), 이전에 따른 감손상당액 및 부대비용이 있습니다. 어떻게 평가를 잘 받을 수 있는지 하나씩 이야기해보겠습니다.

영업이익

3년간의 재무제표 및 대표자 면담 등을 기초로 결정하게 됩니다. 재무제표상 영업이익은 실제 영업이익보다 매우 적게 계상되어 있을 수 있습니다. 이 경우 실제 연평균 영업이익이 얼마인지 증명할 수 있는 자료를 준비해 담당 감정평가사에게 제출하면 됩니다. 또한 대표자 면담 시 실제 벌어들이는 연간 영업이익에 약간의 과장을 더해 진술하면 됩니다(너무 과장이 심하면 믿지 않으니까요).

　법에는 최저 한도로 보상해주는 영업이익이 정해져 있습니다. 도시 근로자 3인 가구의 월평균 가계지출비가 그 기준입니다. 자세한 내용은 다음 항목에서 찾을 수 있습니다.

> 국가통계포털(kosis.kr) > 국내통계(주제별 통계) > 소득·소비·자산 > 가계소득지출 > 가계동향조사(2019년~) > 1인 이상 가구 > 도시(명목) > 가구원수별 가구당 월평균 가계지출비(3인 가구, 근로자)

　2023년 2/4분기의 경우 최저 기준은 월 5,035,476원이네요. 꽤 괜찮은 금액입니다.

고정적 비용

　휴업 중의 사업장을 관리하는 직원(최소 인원)을 위한 인건비, 휴업기간에 불가피하게 지출되는 제세공과금, 임차료, 감가상각비, 보험료, 광고지출비 및 기타 고정적 비용이 해당됩니다. 해당되는 자료를 제출하면 됩니다.

이전비

　일반적인 동산의 경우, 감정평가사들이 이전 물량을 보고 5톤 트력 몇 대 분량인지를 대략 판단합니다. 이후 5톤 트럭의 대당 운송비(상하차비 포함)를 곱해 이전비를 계산하게 됩니다. 그러므로 따로 준비할 것은 없습니다. 이전비 견적을 미리 받아 제출하시는 분들도 계신데, 별반 소용은 없습니다.

이전 난이도가 높은 복잡한 기계기구 등은 기계 이전 전문가가 와서 이전해야 하므로 해체비, 이전비, 시험가동비 등도 감안해 보상평가액을 산정하게 됩니다. 그러므로 해당되는 품목에 대해서는 이전의 어려움에 대해 어필해야 합니다. 미리 견적을 몇 군데 받아 담당 감정평가사에게 제출하는 것도 괜찮은 방법이라고 할 수 있습니다.

이전이 불가능한 사무실 인테리어 같은 항목의 경우, 인테리어 비용이 얼마나 들었는지 증명할 수 있는 정리된 자료가 있다면 좋을 것입니다. 물론 대개 새롭게 인테리어 시설을 할 수 있을 정도로 평가해주지는 않습니다. 그러나 똑같은 수준의 인테리어를 새로 하는 것을 기준으로 몇 군데 견적을 받아두고 이를 제출한다면(이 경우 조금 넉넉히 견적하도록 요청할 수 있습니다) 도움이 될 수 있습니다. 깨끗하게 청소해두는 것도 좋겠습니다.

감손상당액

동산을 이전하다가 파손되는 물건 등에 대한 보상 항목입니다. 파손되기 쉬운 물건들, 귀중해서 무진동 차량으로 이전해야 하는 물건들이 있다면 이를 적극적으로 어필할 필요가 있습니다.

부대비용

중개수수료, 영업장이 이전했음을 광고할 수 있는 일정 기간의 광고비, 개업비 등이 포함됩니다. 이러한 항목은 대개 영업장 면적 등에 따라 개략적으로 평가합니다. 장소적 이익이 큰 영업장의 경우, 이전 광고의 필요성이 더욱 클 것입니다. 이 경우 얼마 이상의 광고비가 필요하다는 것을 입증할 자료가 있다면 제출하는 것이 좋습니다.

Q 현황과 지목이 다른 경우

유형

무허가건축물 부지

종전의 이용 상황을 상정 평가하도록 하고 있습니다. 다만, 1989년 1월 24일 당시에 무허가건축물이 이미 있었다면 적법한 건축물로 봅니다. 1989년 1월 24일 이전에는 무허가건물의 부지도 현황 평가의 원칙에 따라 대지로 평가해서 보상했기 때문에 기득권을 인정하는 것입니다. 물론 이 경우 대상 토지는 공부상 지목이 대지가 아니라 전, 답 등일 것입니다. 그러므로 대상 토지는 지목변경 시 농지전용부담금 등이 부과될 것이므로 이를 고려한 감가를 해 평가합니다.

불법형질변경 토지

예컨대 허가를 받지 않고 임야를 농경지로 형질변경해 사용하고 있는 경우, 종전의 이용 상황을 상정 평가하도록 하고 있습니다. 다만, 1995년 1월 7일 이전에는 불법형질변경된 채로 공익사업에 편입된 토지도 현황평가했기 때문에, 이에 해당되는 토지는 예외입니다.

미지급용지

종전에 시행된 공익사업의 부지로서 보상금이 지급되지 아니한 토지입니다. 이에 대해서는 종전의 공익사업에 편입될 당시의 이용 상황을 상정 평가합니다. 다만, 종전의 이용 상황을 알 수 없는 경우에는 편입될 당시의 지목과 인근 토지의 이용 상황 등을 참작 평가합니다.

대처 방안

보상평가는 현황평가를 대원칙으로 하고 있습니다. 따라서 일반적으로 현황이 아닌 종전의 이용 상황을 기준으로 평가하려면 주장하는 쪽에서 이를 입증해야 합니다. 현황을 기준으로 평가하는 것이 유리한 경우도 있고, 그 반대의 경우도 있을 것입니다. 그런데 어떤 이용 상황을 기준으로 평가할 것이냐가 애매한 경우도 있습니다. 토지 소유자 입장에서 유리한 이용 상황으로 평가받기 위해서는 다음 사항을 유념할 필요가 있습니다. 공익사업의 시행자는 토지조서를 작성해 서명 또는 날인하고 토지 소유자와 관계인의 서명 또는 날인을 받아야 합니다. 다음 서식에서 볼 수 있듯, 이때 토지조서에는 공부상 지목뿐 아니라 현실적인 이용 상황도 기재하게끔 하고 있습니다.

토지조서 서식

토 지 조 서

공익사업의 명칭		
사업인정의 근거 및 고시일		
사업시행자	성명(또는 명칭)	
	주 소	
토지소유자	성명(또는 명칭)	
	주 소	

토지의 명세

소재지	지번(원래지번)	지목	현실적인 이용상황	전체면적(m²)	편입면적(m²)	용도지역 및 지구	관계인 성명 또는 명칭	관계인 주소	관계인 권리의 종류 및 내용	비고

그 밖에 보상금 산정에 필요한 사항

「공익사업을 위한 토지 등의 취득 및 보상에 관한 법률」 제14조제1항 및 같은 법 시행령 제7조제3항에 따라 위와 같이 토지조서를 작성합니다.

년   월   일

사업시행자   (인)

토지소유자   (서명 또는 인)

관 계 인   (서명 또는 인)

토지소유자(관계인 포함)가 서명(인)할 수 없는 경우 그 사유

출처 : 국가법령정보센터

　　사업시행자가 토지조서를 작성할 때 어떤 이용 상황을 기준으로 작성하는지 주목해야 합니다. 혹시 사업시행자가 실수로, 나에게 불리한 이용 상황을 기준으로 평가를 하도록 토지조서를 작성했을지

도 모르기 때문입니다. 예컨대, 공부상 지목이 '임야'인데 실제로는 '전'으로 이용하고 있다면, 사업시행자는 아무 해명 없이 '임야'를 기준으로 보상하려고 할지 모릅니다. 그러나 현황은 '전'이기 때문에, 현실적인 이용 상황을 '임야'로 판단하기 위해서는 사업시행자가 이를 입증할 책임이 있습니다.

중앙토지수용위원회의 재결례(2017. 2. 23) 중에는 다음과 같은 사례도 있습니다.

○○○, ○○○, ○○○는 지목이 '임야'인 토지를 현황인 '전'과 '과수원'으로 평가해달라는 주장에 대하여… 대법원은 "1962. 1. 19 이전에는 보안림에 속하지 아니한 산림이나 경사 20도 미만의 사유 임야에서는 원칙적으로 개간, 화전경작 등의 형질변경행위에 대하여 허가나 신고 등이 불필요하였고, 1966년경 이미 일부가 전으로 사용되고 있는 토지에 대하여 불법형질변경을 이유로 형질변경 이전 상태인 임야로 보상하기 위해서는 산림법 등이 제정·시행된 1962. 1. 20 이후에 개간된 것으로서 각 법률에 의한 개간허가 등의 대상에 해당함에도 허가 등이 없이 개간된 것이라는 점을 사업시행자가 증명하여야 한다(대법원 2011. 12. 8 선고 2011두13385 전원합의체 판결 참조)"고 판시하고 있다. 관계 자료(측량성과도, 현장사진, 항공사진, 소유자 의견서, 사업시행자 의견서 등)를 검토한 결과, ○○○, ○○○, ○○○의 서울 ○○구 ○○동 산156-3 임 2,300㎡ 토지가 1962. 1. 20 이후에 개간된 것으로서 각 법률에 의한 개간허가 등의 대상에 해당함에도 허가 등이 없이 불법으로 형질이 변경된 토지라는 사실을 사업시행자가 입증하지 못하고 있는 점, 1966년 항공사진상 동 토지의 일부가 농경지로 개간되어 있음이 확인되는 점, 사업시행자가 제출한 동 토지 중 '전'과 '과수원'으로 이용되고 있는 면적에 대한 항공사진 정밀판독결과와 현황측량성과도로 개간된 면적의 산정이 가능한 점 등을 종합적으로 고려할 때 이의신청인의 서울 ○○구 ○○동 산156-3 임 2,300㎡ 토지 중 1966년부터 보상시점(수용재결일)까지 전(368㎡)과 과수원(92㎡)으로 이용되고 있는 면적에 대하여는 현황대로 평가하는 것이 타당하므로 금회 이의재결 시 이를 반영하여 보상하기로 한다.

앞의 재결례에서 알 수 있듯이, 과거 이용 상황을 입증할 때는 항공사진이 매우 중요한 역할을 합니다. 과거 항공사진은 국토지리정보원의 '국토정보플랫폼(map.ngii.go.kr)'에서 찾아볼 수 있습니다. 온라인에서 열람이 제한된 경우도 있는데, '검색제한 항공사진' 신청을 통해 자료를 받아볼 수 있습니다.

검색제한 항공사진 신청 화면

출처 : 국토정보플랫폼 홈페이지

한편 현실적인 이용 상황을 판단함에 있어 다툼의 여지가 있는 경우도 있을 수 있습니다. 이런 경우는 사업시행자가 대개 자기에게 유리한 쪽으로 현실적인 이용 상황을 판단합니다. 이 경우에는 물론 사업시행자를 대상으로 항변을 해야겠지만, 대개 받아주지 않기 때문에, 향후 재결 또는 소송절차를 생각해야 할 것입니다. 그 방법에 관해서는 차후 논하도록 하겠습니다.

02 재개발·재건축에서의 감정평가

Q 다세대주택, 아파트

재개발·재건축에서 가장 중요한 작업은 바로 감정평가입니다. 좀 더 정확히 말하면, 종전자산 감정평가입니다. 조합원들 각자의 집을 허물고 새로운 집을 짓는 사업에서, 비싼 집이 허물어진 사람은 이 사업에 자기 재산을 많이 내놓은 것이기 때문에 그만큼 혜택을 많이 받아야 하고, 저렴한 집이 허물어진 사람은 그만큼 혜택을 덜 받아야 하는 것이지요. 이 종전자산 감정평가 결과에 따라 분담금이 결정이 됩니다. 그래서 종전자산 감정평가에서는 조합원들 간의 가격 균형이 아주 중요합니다.

종전자산 평가는 시장 가치를 기준으로 이루어져야 할 것입니다. 하지만 많은 경우 잘못된 평가 관행에 따라 종전자산 평가가 이루어져 왔습니다. 재개발·재건축 구역 내 다세대주택이나 아파트 등 구분건물의 경우, 대지지분의 가격을 따로 평가하고 건물가격을 따로 평가한 후 이를 합산하고, 15~20%를 증액해 평가합니다. 왜 이런 식으로 평가했을까요?

논리는 이렇습니다. 재개발 사업에서는 주택 소유자들 모두에게 입주권이 제공되는데, 사업적 측면에서는 건물을 제공하는 것보다는 땅을 제공한다는 게 중요하니, 땅 지분을 적게 가지고 있는 사람은 상대적으로 자산가치를 적게 평가하는 게 맞다는 것입니다. 이런 논리는 그럴듯해 보이기는 합니다. 그러나, 토지 지분을 많이 갖고 있든 적게 갖고 있든, 어쨌든 재개발사업을 위해서 자기 집 전부를 내놓는 것이니, 재개발사업이 이루어지지 않는다고 가정했을 때 그 본연의 시장 가치를 평가해야 합니다.

사실, 평가 관행에 따라 토지지분과 건물가격의 합산가치로 평가한다고 해도 그 평가 기법 자체에 큰 문제가 있는 것은 아닙니다. 하지만 잘못하면 평가액과 시장 가치가 괴리될 수 있다는 것이 문제가 되는 것이죠. 이제, 예를 통해 설명드리겠습니다.

A, B, C, D부동산의 종전자산 감정평가

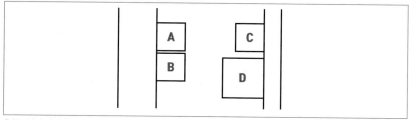

출처 : 저자 작성

2021년, 한남3구역 종전자산 감정평가 때문에 논란이 일어난 적이 있습니다. 이 사례는 감정평가법인들의 평가 관행이 잘못되었음을 잘 보여주는 사례입니다(지금은 좀 달라졌을지도 모르지만요).

　그림처럼 재개발구역 내에, 4개 부동산이 있다고 가정해보겠습니다. A부동산은 2차선 도로에 접하고, 상가주택 건물로 쓰고 있습니다. 토지 가격은 평당 3,000만 원입니다. B부동산은 A부동산 바로 옆에 있는 다세대주택 8세대로 이루어져 있습니다. 한 세대당 건물 면적은 20평, 대지권은 14평입니다. 그런데, 건물이 오래되어서 주차하기도 불편하고 채광도 좋지 않고 시세는 3억 5,000만 원 정도입니다. C부동산은 안쪽 6m 도로에 접한 오래된 단독주택입니다. 토지 가격은 평당 2,500만 원입니다. D부동산은 안쪽 6m 도로에 접한 나홀로 아파트입니다. 지은 지 15년 정도 되어서 건물 상태가 괜찮습니다. 주차하기도 나름 괜찮습니다. 33평짜리 24세대로 이루어져 있고, 토지 지분은 세대당 8평 정도 됩니다. 이 아파트의 시세는 6억 원 정도 합니다.

　그러면 기존 평가관행대로라면 B부동산은 어떻게 평가될까요? B부동산이 위치한 토지는 A부동산 바로 옆에 있고, 위치상 가치가 거의 동일합니다. 그래서 평가관행대로라면 동일하게 평가를 합니다. 대지권이 14평이니까 평당 3,000만 원에다가 건물값 평당 100만 원을 더하면 4억 4,000만 원이죠. 여기에 보통 15% 내지 20%를 더해줍니다. 구분건물이라서 거래가 용이하다는 점을 들어서요. 그러면 15%만 더해준다고 해도, 약 5억 원이 됩니다. 시세는 3억 5,000만 원인데, 2차선 도로변 토지 위에 있다는 이유만으로 시세보다 더 많이 주는 거죠.

과연 이것이 올바른 평가방법일까요? A부동산의 토지 가격이 평당 3,000만 원이니까, B부동산의 대지권 가격도 평당 3,000만 원으로 평가하는 게 맞을까요? 그렇지 않습니다. B부동산은 건물이 오래되고 현재 주택 수요자들의 필요도 제대로 충족시켜주지 못하고 있기 때문에 건물이 서 있는 토지의 위치에 비해서 낮게 거래되고 있는 것입니다. 그러니까, 건물로 인해서 토지에 '건부감가'라는 것이 발생하고 있는 것입니다. 건물로 인해서 토지 가치에 감가가 발생하고 있는 것이죠. 따라서 대지권 가격을 평당 3,000만 원으로 평가하면 안 될 것입니다. 거래사례를 반영해서 더 낮게 평가해야죠.

이제 D부동산에 대해 생각해보겠습니다. 기존의 평가관행대로라면, D부동산이 깔고 앉아 있는 토지의 위치는 C단독주택 바로 옆이니까, 동일하게 토지 가격을 평당 2,500만 원으로 평가하게 됩니다. 대지권 8평에 평당 2,500만 원으로 평가하면 2억 원에 건물값 평당 300만 원, 즉 약 1억 원을 더하면 약 3억 원이고, 여기에 20%를 가산한다고 하면 약 3억 6,000만 원이 됩니다. 시세는 6억 원인데, 굳이 재개발이 되지 않는다고 하더라도 그럭저럭 거주할 만한 아파트인데, 겨우 3억 6,000만 원밖에 안 쳐주는 겁니다. 이게 말이 될까요?

D부동산의 경우는, 아까 B부동산과는 반대의 경우입니다. 아파트 건설로 인해서 토지 가치가 높아진 경우입니다. 그러니까 D부동산의 대지권 가격은 평당 2,500만 원으로 평가해서는 안 됩니다. 토지

를 최대한으로 활용해서 거주 여건이 좋은, 높게 거래될 만한 아파트를 만들어서 토지의 가치를 높였기 때문에, 그보다 훨씬 높게 평가해야 하는 것입니다.

다시 다른 예를 들어서 생각해보겠습니다. 상권이 활성화되어 있지 않은, 빈 상가건물을 생각해보면, 아무리 토지 가격이 비싼 곳에 위치해 있다고 해도 거래가 안 될 것입니다. 예를 들어 동대문에 위치한 밀리오레, 두타 등의 테마상가를 생각해볼 수 있습니다. 상가건물에 대지권이 포함되어 있다고 해도 그런 물건은 사면 안 됩니다. 반면, 서울시의 변두리에 있다고 하더라도 신축 대단지 아파트의 가격은 엄청납니다. 서울의 아파트 중에서는 신축이 희소성이 있다 보니 그런 현상이 일어나는 겁니다. 그러니까, 건물이 어떤 상태냐에 따라서도 토지의 가치에 영향을 미치는 거죠.

옛날에는 기존 평가관행에 따라서 평가해도, 그나마 실거래가와의 차이가 그렇게까지 크지 않았습니다. 그러나 이제는 사람들의 소득 수준이 높아지면서 아파트냐 빌라냐, 또 건물 상태가 어떠냐에 따라서 거래 수준의 차이가 커졌습니다. 그러니 이런 평가관행에서 벗어나야 했지만, 한남3구역 감정평가에서는 옛날식 평가관행을 그대로 적용하면서 문제가 발생한 거죠. 이렇게 억울하게 평가를 당한 분들이 청와대에 청원 글도 올리셨지만, 별반 소용은 없었던 것 같습니다. 어차피 종전자산평가라는 절차가, 모든 사람들을 만족시켜줄 수 없는 불완전한 평가라는 것을 법원에서도 인정한 바 있습니다. 그러므로 종전자산평가가 한번 나오면 이를 즉시 바로잡기는 사실상 어렵습니다. 관리처분계획 단계에 가서 다시 소송으로 다투는 수밖에 없을 것입니다.

그러므로, 굳이 재개발·재건축을 안 해도 그럭저럭 거주할 만한, 즉 주차장 여건 등에서 우수한 다세대주택이나 아파트의 소유자들은 특히 주의해야 합니다. 잘못된 평가관행에 따라 평가당하지 않도록 미리 이러한 내용을 사업시행자(조합)와 담당 감정평가사에게 어필하는 것이 필요합니다. 종전자산평가 시에 단순히 대지권 면적이 중요한 것이 아니라 대상 부동산 본연의 시장 가치가 반영되도록 해야 할 것입니다.

한편, 종전자산평가가 아닌 현금청산평가를 받는 경우라면 어떨까요? 현금청산평가는 그 성격이 종전자산평가와는 다르며, 보상평가와 유사합니다. 그런데 이런 경우가 있을 수 있습니다. 관행에 의해 종전자산평가가 불리하게 나왔는데, 현금청산평가에서 담당 감정평가사는 종전자산평가를 '유력한 평가선례'로 생각할 수 있습니다. 그래서 결과적으로 현금청산평가도 종전자산평가 결과와 유사하게 평가하려고 할지도 모릅니다. 이 경우에도 그렇게 되지 않도록 담당 감정평가사가 평가작업을 수행하기 전에 시장 가치로 평가하도록 어필해야 할 것입니다. 또한 재건축의 경우에는 매도청구소송을 통해 현금청산을 받게 되는데, 개발이익을 반영해 평가받을 수 있도록 어필해야 할 것입니다(이러한 경우에 관해서는 이후 재건축 매도청구소송 편에서 다루도록 하겠습니다).

Q 단독주택

단독주택은 토지 가격과 건물가격으로 평가됩니다. 우선 건물가격에 대해 이야기해보겠습니다. 집을 리모델링한 적이 있다면, 그 사항을 적극 어필할 필요가 있습니다. 집의 매력을 높인 리모델링이라면, 부동산 시장에서는 더 매매가 잘되고, 리모델링한 비용 이상으로 플러스된 가격에 매매될 것입니다. 부동산 경매로 부자가 된 몇몇 케이스들을 보면 오래된 빌라를 전문적으로 싸게 낙찰받아서 리모델링을 해 놓게 전세를 맞춘 경우를 볼 수 있습니다. 리모델링된 주택이 저평가되지 않도록, 담당 감정평가사에게 어떤 자료를 제공할 수 있을까요? 리모델링 비용에 관한 자료, 그리고 구형 주택의 전세가격과 리모델링된 주택의 전세가격을 비교하는 자료를 제공하면 좋을 것입니다.

그런데, 훨씬 더 중요한 것은 토지 가격일 것입니다. 단독주택의 토지 가격은 어떻게 결정될까요? '빌라 짓기 좋은 땅'은 주택 개발업자의 수요가 있기 때문에 비싸게 거래될 것입니다. 반면 빌라를 짓기에 좋지 않은 땅은 단독주택 실수요자에 의해서만 거래될 것입니다.

그렇다면 빌라를 짓기에 좋은 땅은 어떤 땅일까요? 다른 요소들도 있겠지만, 특히 세 가지를 기억하면 좋겠습니다(좀 더 자세한 사항은 필자의 저서《부동산의 가치를 높이는 방법》에서도 볼 수 있습니다).

첫째, 면적이 적당해야 합니다. 약 60~80평 정도의 땅이 빌라를 짓기에 적당한 면적으로 알려져 있습니다. 코너에 있는 땅이라면 50

평 정도로도 지을 수 있습니다. 건축물이 들어설 수 있는 대지면적을 산정할 때는 토지대장의 면적을 그대로 믿으면 안 됩니다. 접한 도로의 폭이 최소 4m가 확보되어야 하기 때문에, 건축을 하려고 보면 대지면적이 줄어들 수 있기 때문입니다.

둘째, 편리한 주차장을 확보할 수 있어야 합니다. 그렇게 하기 위해서는 토지의 모양도 적당해야 합니다. 진출입 부분도 넓으면 좋겠죠. 무엇보다도 주차장법과 주차장 관련 조례에서 규정하는 주차 대수를 확보할 수 있는지 확인해야 합니다.

셋째, 일조권 사선제한이 적은 토지입니다. 내 마음대로 빌라를 건축해버리면, 북측에 인접한 주택 저층에 사는 사람은 햇빛을 못 받고 살 수도 있습니다. 그래서 남측에 위치한 토지에 주택을 지을 때는 북측에 있는 주택의 일조권을 위해 일정 거리를 두고 건축해야 합니다. 이렇게 하다 보면, 법정 용적률에 훨씬 못 미치게 건축할 수도 있습니다. 그러면 사업성이 떨어지기 때문에 빌라 건축업자들의 선호도가 떨어지는 것이고, 결과적으로 가치가 낮은 토지인 것입니다.

일조권 사선제한 관련 규정 '건축법 시행령' 제86조

① 전용주거지역이나 일반주거지역에서 건축물을 건축하는 경우에는 법 제61조 제1항에 따라 건축물의 각 부분을 정북(正北) 방향으로의 인접 대지경계선으로부터 다음 각 호의 범위에서 건축조례로 정하는 거리 이상을 띄어 건축하여야 한다(개정 2015. 7. 6, 2023. 9. 12).

1. 높이 10m 이하인 부분 : 인접 대지경계선으로부터 1.5m 이상
2. 높이 10m를 초과하는 부분 : 인접 대지경계선으로부터 해당 건축물 각 부분 높이의 2분의 1 이상

'랜드북(landbook.net)'이라는 사이트에서는 일조권 사선제한에 따른 건축 가능 용적률, 모양 등을 AI를 통해 알려줍니다. 일조권에 따른 제한을 반영한 토지의 가치를 판단할 때도 유용합니다.

이처럼 빌라 짓기 좋은 토지와 그렇지 않은 토지 간에는 가치의 차이가 큽니다. 하지만 대량 감정평가에서는 이와 같은 사항을 크게 반영하지 않는 경우가 많습니다. 이를테면, 같은 동네에서도 일조권 사선제한 때문에 용적률 180%밖에 짓지 못하는 토지, 그리고 용적률 250%까지 지을 수 있는 토지 간의 가치 차이는 큽니다. 40평짜리 단독주택 부지와 주차장 확보를 잘할 수 있는 60평짜리 단독주택 부지의 단위면적당 가치 차이는 상당합니다. 하지만 상당수의 감정평가사들은 토지 개발업자가 아니므로 이러한 사항을 미처 모르고 있을 수 있고, 그렇게 되면 별다른 차이가 없는 평가결과가 나올 수 있습니다. 특히 종전자산평가는 절대적 가격보다는 상대적 가격이 중요한 평가입니다. 따라서 자신의 주택 부지가 빌라 건축업자들이 선호하는 토지라면 이렇게 불합리한 평가가 이루어지지 않도록 적극 어필할 필요가 있습니다.

🔍 상가

앞서 언급했듯이, 시장 가치와 부합하는 가치로 평가를 받는 것은 매우 중요합니다. 이때 주민들의 동선 분석이 중요합니다. 다음 자료를 살펴보겠습니다.

A, B상가 중 가치가 높은 상가는?

출처 : 네이버 지도

　A에 위치해 북측을 보고 있는 상가와 B에 위치해 북측을 보고 있는 상가 중 어느 상가가 더 가치가 높을까요? 지하철역으로 향하는 유동인구를 생각해보면, 파란색 선을 따라 사람들이 움직일 것입니다. 따라서 유동인구 면에 있어서 당연히 A가 우세할 것입니다. 그러나 어떤 감정평가사들은 A와 B는 동일한 코너자리이고, 바로 맞은

편에 위치해 있다는 이유로 양자를 '유사하다'고 평가할 수도 있습니다(제가 실제 겪은 사례입니다). 주민들의 동선을 분석할 때, 자신의 상가 위치가 유리하다면, 이러한 일이 발생하지 않도록 담당 감정평가사에게 적극 어필할 필요가 있는 것입니다.

한편, 업종의 희소성 때문에 또는 경영을 잘해온 점포이기 때문에 높은 가격에 거래될 수 있는 상가인 경우도 있습니다. 예를 들어, 어떤 상가는 5층에 위치해 1층 상가보다 위치가 훨씬 열세합니다. 그러나 경영자가 운영을 잘해서 오히려 1층 상가보다 높은 수익을 올리고 있을 수도 있습니다. 종전자산평가에서도 이러한 점을 반영해 평가를 할 수 있을까요?

소규모 상가건물 단독으로 자체 재건축을 하는 경우, 상가 소유자들 간에 협의가 된다면, 무형적 가치까지도 반영해 평가하기로 할 수도 있을 것입니다. 하지만 일반적으로 감정평가에서는 이와 같은 점을 반영하지 않습니다. 이렇게 생각해보면 됩니다. 상가 주인이 경영을 잘한 경우 상가를 높게 평가하는 것은 일견 이해할 수도 있습니다. 하지만 임차인이 경영을 잘한 경우까지 상가를 높게 평가하는 것은 곤란하겠죠? 임차인은 나가버리면 끝이기 때문이죠.

물론 무형적인 가치를 반영하지 않고 종전자산을 평가하면 장사가 잘되고 있는 상가 주인 입장으로서는 손해일 수 있습니다. 상가 입주권은 나올 수 있어도, 아무튼 해당 건물에서 몇 년 동안은 장사를 하지 못할 것이기 때문입니다. 이러한 손해에 대해 보상을 받을 뾰족한 수단은 없는 것 같습니다(한편 현금청산평가의 경우, 보상평가에서처럼 영업보상이 인정됩니다). 다만, 인테리어를 잘해놓은 상가가 있다면 시장 가치가 높기 때문에 종전자산평가에서도 이를 반영해 평가하는 것이 가능할 것이며, 이를 어필할 필요가 있을 것입니다.

Q 재건축 매도청구소송

재건축 매도청구소송에서는 재건축의 개발이익까지 반영해 평가하게 되어 있습니다. 그러면 어떤 방식으로 반영할 수 있을까요? 한 가지 방법은, 평가기준 시점을 기준으로, 최근의 구역 내 적절한 거래사례들을 기준으로 평가하는 것입니다. 구역 내 거래사례는 향후 예상되는 개발이익을 반영해 거래된 사례이기 때문입니다. 하지만 적절한 거래사례가 없다면 어떻게 할까요? '재건축을 고려하지 않은 본연의 시장 가치'에 '재건축에 따른 프리미엄의 현재 가치'를 더해 가치를 평가해야 할 것입니다.

우선 '재건축을 고려하지 않은 본연의 시장 가치'는 최근 부동산 경기 변동을 적절히 반영하고 있는 구역밖의 거래사례를 통해 평가할 수 있습니다. 그러면 '재건축에 따른 프리미엄의 현재 가치'는 어떻게 평가할까요?

재건축 정비사업은 사업성이 높아질수록 비례율('사업 후 총자산 가치-사업비'를 종전자산 가치로 나눈 비율)이 높아집니다. 하지만 비례율이 높아지면 조합의 명목상 이익과 세금이 늘어나므로 통상은 비례율을 100%에 가깝게 조정하는 것이 보통입니다. 비례율을 100%로 조정하려면, 사업 후 총자산 가치에 반영되는 조합원분양가를 낮추어야 할 것입니다. 따라서 실무적으로 비례율이 100%에 수렴된다고 할 때, '프리미엄의 현재 가치'는 '예상 조합원 분양가와 시세와의 차이'의 현재 가치로 볼 수 있습니다. '조합원 추정분양가' 즉 '분양원가'를 구하려면, 단위면적당 공사비와 토지대를 추정해서 더하면 구할 수 있습니다. 이를테면 다음과 같이 계산할 수 있습니다.

a. 3.3㎡당 공사비 : 680만 원
b. 3.3㎡당 간접비 : 680만 원×70%=476만 원
c. 3.3㎡당 토지대 : 용적률이 250%이고 3.3㎡당 (구역 내 평균) 토지 가격을 보수적 관점에서 2,700만 원으로 가정하면, 정비구역 면적(104,656㎡) 중 택지면적이 77,592㎡인 바, 기부채납율이 26%이므로 공급면적 기준 3.3㎡당 토지대는 2,700만 원/[250%×(1−0.26)]=1,460만 원
d. 최저 분양가 : 680+476+1,460=2,620만원(35평형, 전용 84㎡ 기준 약 9억 1,700만 원)

출처 : 박국규 저, 《부동산 개발사업의 사업성 검토와 시행》, 2020, pp.287~290

앞과 같이 가정하고, 현재 유사 신축 아파트 시세(전용 $84m^2$)가 다음과 같이 조사되었다고 해보겠습니다.

최근 15억 5,500만 원에 거래된 바 있으며, 현재 나와 있는 매물은 로얄층, 로얄동 기준으로 약 17억 원이며, 16억 5,000만 원~17억 원 사이에서 거래될 가능성이 높다고 보여진다.

그렇다면 프리미엄의 현재 가치는 다음과 같이 계산할 수 있습니다. 평가기준 시점 당시 유사 신축 아파트 시세(16억 5,000만 원

~17억 원)와 조합원 예상 분양가(약 9억 2,000만 원)의 차이는 약 7억 5,000만 원입니다. 그러나, 이는 약 7년 내외에 실현될 것으로 보이고, 현재 가치로 할인할 필요성이 있습니다. 회사채(3년, BBB-) 금리를 참고해 할인율을 10%로 잡으면, 조합원 분양권의 현재 가치는 $750,000,000 / 1.1^7 =$ 약 3억 8,500만 원으로 계산됩니다.

한편, 당해 사업구역은 재건축구역이므로 재건축 초과이익 부담금 부과 대상이므로 이를 고려해야 합니다. 정부 정책 기조 등을 고려해 실질적 예상 부담금을 20% 정도로 잡으면, 조합원 분양권(1개)의 현재 가치는 3억 8,500만 원×80% = 약 3억 원 수준으로 계산될 수 있습니다.

하지만 재건축구역 내 물건에 대한 소송평가에서, 재건축으로 인한 프리미엄을 계산하는 데 있어 상당수 감정평가사들은 소극적입니다. 적정한 거래사례가 없는 경우가 많기 때문입니다. 그러므로 재건축 매도청구소송 등, 재건축 구역 내 물건의 평가에서 이와 같은 사항들을 담당 감정평가사에게 강력하게 어필할 필요가 있습니다.

Q 환지방식의 도시개발사업

재개발·재건축과 비슷한 개념으로, 환지방식의 도시개발사업이라는 것도 있습니다. '도시개발법'에 의한 사업입니다. 예컨대 다음과 같이 논, 밭, 임야 등으로 모양이 불규칙적인 지역을 도시개발구역으로 지정해서 반듯하게 구획정리를 합니다.

구획정리가 된 도시개발구역

출처 : 네이버 지도

이때 토지를 강제수용하지 않고, 기존 토지 소유자에게 구획정리된 땅을 나누어주는 방식으로 사업을 하는 것입니다. 토지 소유자는 종전에 소유한 토지를 평가받고, 이후 받게 되는 구획정리된 토지의 감정평가액과 비교해 차액에 대해 현금으로 청산받게 됩니다(받게 되는 토지의 감정평가액이 더 적으면 돈을 받고, 반대의 경우 돈을 냅니다. 경우에 따라서는 토지가 아닌 아파트 등으로 받을 수도 있는데, 이를 입체환지라고 합니다).

'도시개발법' 제28조 제3항에 보면 도시개발사업의 시행자는 환지 계획을 작성함에 있어, 먼저 감정평가사에게 토지 등의 가격을 평가하게 해야 합니다(지장물이 있다면 토지보상법을 준용해 평가합니다). 이후 토지평가협의회의 심의를 거쳐 각 토지의 평가액을 결정하고, 이에 근거해 환지 계획을 작성합니다.

그러므로 토지 소유자는 기존에 소유한 부동산을 최대한 잘 평가받아야 합니다. 또한 새로운 토지 등을 받을 때(선택할 수 있다면) 최대한 저평가된 부동산을 선택해야 할 것입니다.

평가를 잘 받는 방법에 관해서는 앞서 협의보상 또는 재개발·재건축 파트에서 설명한 내용을 참고하시기 바랍니다. 자신의 부동산에 대해 미리 잘 알아두고, 그 장점을 적극적으로 어필하는 것이 필요합니다. 또한 새로운 토지 등을 받을 때, 저평가된 부동산을 선택해 받을 수 있다면 어떤 부동산을 선택해야 할까요? 가능한 한 '희소성'이 높을 것으로 예상되는 부동산을 받아야 합니다. 대량 감정평가에서는 대개 희소성 높은 토지들이 저평가되기 쉽기 때문입니다.

지금까지 감정평가를 잘 받기 위해서 어떤 점들을 담당 감정평가사에게 어필해야 하는지 다각도에서 살펴보았습니다. 사실 이것은 어디까지나 예시적인 내용이지, 이와 같은 점들을 알고 있다고 해서 100% 대비가 된 것은 아닙니다. 또한 자신의 부동산이 가진 강점을 잘 알고 있다고 하더라도, 이를 잘 정리해 어필하기가 어렵다고 느껴질 수도 있습니다. 이럴 때는 본감정에 대비하는 사감정이 필요할 수도 있습니다. 사감정을 받는다고 해서 본감정을 수행하는 담당 감정평가사가 이를 그대로 받아들인다는 보장은 없습니다. 하지만 사감정을 받아 감정평가서를 제출한다면, 그들이 분명 잘 읽어볼 것임은 분명합니다. 따라서, 사감정을 이용해볼 만합니다.

하지만 어떤 비윤리적인 감정평가사는 이런 식의 사감정을 할 수도 있습니다. 논리적 비약으로 지나치게 의뢰인의 입맛에 맞춰주는 사감정을 하는 것입니다(물론, 적정 가격 범위 내에서 재량을 발휘해, 최대한 의뢰인의 편에서 감정하기는 할 것입니다). 사감정의 목적은 정당한 자기 자산을 지키는 목적이어야 하지, 한몫 잡기 위한 것이 아니어야 합니다. 만약 '한몫 잡기 위한' 목적으로 사감정을 실시해 제출한다고 하더라도, 담당 감정평가사는 불쾌하게만 여길 뿐 그것을 받아들일 가능성이 거의 없습니다. 그래서 저는 사감정을 하더라도 결코 '한몫 잡기 위한' 목적에 기여할 생각이 없습니다. 희소성이 있고, 잘못 평가될 위험이 있는 부동산 소유자들은 적절한 사감정을 추천드리고 싶습니다(저의 경우,

'잘못 평가될 개연성'에 대해서 적절히 언급한 후, 의견을 제시하는 사감정을 수행하고 있습니다. 이렇게 하면 본감정 담당 감정평가사가 저의 의견을 받아들일 가능성이 훨씬 높아질 것입니다. 많은 문의 있기를 바랍니다).

한편, 본감정에 이의를 제기하기 위해 사감정을 실시하기도 합니다. 이러한 종류의 사감정은 난이도가 매우 높습니다. 사실상 두 번 이상 감정을 하는 것입니다. 본감정에 대해 비판적인 논리와 근거를 제시하고, 자신의 논리가 옳다는 것을 증명해야 하기 때문입니다. 게다가 때로는 기존 감정평가사와 논리적 대치를 해 감정평가 타당성조사나 소송에 회부될 것을 각오해야 할 수도 있습니다. 따라서 이러한 종류의 사감정은 대부분의 감정평가사들이 꺼리는 것이 사실입니다. 하지만 필자는 그렇게 생각하지 않습니다. 의뢰인의 정당한 재산권을 지킬 수 있는 일이라면, 마땅히 이러한 종류의 감정평가도 감정평가사로서 해야 할 일이라고 생각하고 있습니다(물론 이러한 종류의 사감정은 어느 정도의 할증보수를 받아야 합당할 것입니다. 이러한 종류의 사감정을 의뢰할 생각이시라면, 평가서가 어떤 식으로 작성될 것인지 확인해보시기 바랍니다. 단순히 의견만 제시되는 평가서가 작성될 것인지, 아니면 기존 의견을 먼저 반박하고 충분한 의견 개진을 하는 평가서가 작성될 것인지를 말입니다).

필자는 사감정 전문 감정평가사입니다. 부동산의 진정한 가치를 찾는 일에 진심입니다. 그래서 기존 감정 결과와 큰 차이를 내는 감정평가를 여러 건 수행했습니다. 사감정은 감정평가에 이의를 제기하는 데도 큰 도움이 될 수 있습니다.

한편 반대로, 실제 시장 가치에 비해 감정평가가 유리하게 된 경우도 간혹 있습니다. 이런 경우에는 굳이 이의신청이나 소송을 하거나 사감정을 할 필요도 없을 것입니다. "평가결과에 만족하지 않고 이의신청이나 소송을 하면 관행적으로 몇 % 올려준다더라" 하는 말을 듣고 그렇게 할 필요는 없습니다. 괜히 그렇게 하다가 오히려 손해를 볼 가능성도 있습니다. 그래서 다음 장에서는 저의 경험을 바탕으로, 감정평가에 이의를 제기할 만한 사례들, 그리고 그렇게 하면 안 되는 사례들을 살펴볼 것입니다.

사례로 살펴보는

감정평가에 이의를
제기하는 게 맞는 걸까?

01 감정평가에 이의를 제기할 만한 사례들

🔍 **들어가며 아는 만큼 보이는 법**

감정평가사도 사람이다 보니, 전지전능하지 않습니다. 그래서 대량평가를 하다 보면 자산의 가치를 저평가하기도 하고 고평가하기도 합니다. 보상평가나 종전자산평가를 받는 입장에서는 저평가를 받으면 즉시 이의를 제기해야 할 것입니다. 스포츠 경기에서도 판정에 불만이 있을 때 즉시 이의제기를 해야 하는 것처럼, 시간이 지나면 나중에는 고치기가 더욱 어려워질 가능성이 높습니다(물론 즉시 정당한 근거를 들어 이의를 제기해도 받아들여지지 않는 경우도 많이 있습니다. 현실이 그렇습니다). 반면 고평가를 받으면 이의신청을 할 것이 아니라 표정관리를 해야 할 것입니다.

그렇다면 어떤 경우가 저평가이고, 고평가일까요? 일률적으로 말씀드리기는 어려운 것이, 매우 다양한 사례들이 있기 때문입니다. 그래서 이제 사례들을 살펴보면서 공부하고자 합니다. 물론 사례를 공부한다고 모든 것을 알게 되는 것은 아닙니다. 하지만, 어떤 식으로 평가에 대비하거나 평가액을 검토할 수 있는지 알게 될 것입니다. 감정평가사들이 주로 어떤 경우에 실수하거나 흔히 어떤 점을 간과해 평가하는지 유의해서 보시기 바랍니다.

이 내용들은 주로 토지 소유자에게 도움이 되겠지만, 반대로 한국토지주택공사 등 사업시행자에게도 도움이 될 수 있습니다. 만약 감정평가사들이 고평가를 해 그것이 충분한 검토 없이 소유자에게 통보된 이후에는 평가액을 수정하기가 더 어려워지기 때문입니다. 그래서 특히 사업시행자의 평가검토 부서에서도 이제 살펴볼 내용을 숙독하기 바라는 바입니다. 그렇게 해서 영양가 없는 꼬투리 잡기식 검토를 할 것이 아니라, 평가액이 정말 시장 가치에 부합하는지에 초점을 맞춘 검토를 행하시기 바랍니다.

또한, 이 내용들은 담보물의 가치를 판단하는 금융기관에도 도움이 될 수 있다고 생각됩니다. 감정평가사의 담보평가액을 무조건 믿지 말고, 그것을 판단할 수 있어야 과다 대출 또는 과소 대출이 이루어지지 않을 것입니다.

🔍 개발하기 좋은 임야

'감정평가 및 감정평가사에 관한 법률'에 의하면, 토지는 '표준지

공시지가'를 기준으로 평가하도록 되어 있습니다. 그런데 표준지들 중 '임야'는 대개 넓은 면적의 자연림으로 선정되어 있는 경우가 많습니다. 이 경우, 비교적 경사도가 낮고 개발하기 좋은 임야는 희소성이 높은데도 불구하고 저평가될 위험성이 큽니다. 표준지의 가격이 매우 낮은 수준으로 공시되어 있다면, 임야인 표준지를 선정하는 경우 개별요인 비교치를 매우 우세하게 보아야 할 것입니다. 많게는 10배 이상으로 보아야 할 경우도 있습니다. 하지만 담당 감정평가사의 식견이 부족하다면 개별요인 비교치를 산정하는 데 있어 소극적일 수 있습니다. 이제 예를 들어보겠습니다.

개발하기 좋은 임야의 예

출처 : 네이버 지도

이 토지는 경매에 나왔던 토지입니다. 모양이 조금 안 좋기는 하지만 장점이 많습니다. 다음 사진에서도 볼 수 있듯이 아름다운 풍광을 가진 호수 바로 옆에 위치하고, 도로에도 접해 있어 건축이 가능하고, 지형도 평탄합니다.

예시된 임야의 풍광

출처 : 네이버 지도 로드뷰

이 토지는 어떻게 감정평가되었을까요? 먼저, 다음의 표준지가 선정된 것을 볼 수 있습니다.

비교표준지로 대형 임야가 선정된 감정평가

기호	소재지	지목	면적 (㎡)	이용상황	용도지역	도로교통	형상지세	공시지가 (원/㎡)
A	리 산1 7	임야	39,539	자연림	계획관리	세로 (불)	부정형 완경사	2,000
B	리 8 4	답	1,901	전	계획관리	세로 (가)	부정형 완경사	17,000

출처 : 해당 감정평가서

수요가 적은, 거래되기가 쉽지 않은 대형 임야가 표준지로 선정되었죠. 감정평가서에서는 비교표준지와 대상 토지의 개별요인을 다음과 같이 비교하고 있습니다.

개별요인을 과감하게 하지 못한 감정평가

기호	비교표준지	가로조건	접근조건	환경조건 (자연조건)	획지조건	행정적조건	기타조건	격차율
1)	A)	-	0.85	2.10	-	1.00	1.00	1.79
2)	B)	-	0.93	1.00	0.97	1.00	1.00	0.90

출처 : 해당 감정평가서

　여기서 자연조건 비교치를 2.1배로 평가한 것을 유의해서 보실 수 있습니다. 대상 토지의 면적이나 경사도, 풍광 등을 생각해보면 2.1배로 평가한 것은 상당한 저평가임을 느낄 수 있습니다. 최종적으로 대상 토지는 다음과 같이 평가되었습니다.

결과적으로 저평가된 감정평가

토지 감정평가명세표

Page : 1

기 호	소재지	지번	지 목 및 용 도	용도지역 및 구 조	면　적 (㎡) 공 부	면　적 (㎡) 사 정	감 정 평 가 액 단 가	감 정 평 가 액 금　액	비　고
1	경상북도 포항시	산	임야	계획관리지역	4,061	4,061	9,000	36,549,000	수목포함 일부도로감안 평가

출처 : 해당 감정평가서

이 토지는 얼마에 낙찰되었을까요? 감정가의 약 3.3배인 121,000,000원에 낙찰되었습니다. 희소성 있고 개발이 용이한 임야는 저평가될 위험성이 있음을 엿볼 수 있습니다. 만약 저평가된 경우라면 적극적으로 이의신청을 할 필요가 있습니다.

🔍 희소성이 높은 토지

희소성이 높은 토지는 저평가될 위험이 높은 편입니다. 예를 들어, 대로변 상업용 토지를 생각해봅시다. 안쪽의 주택 부지들은 비교적 거래사례들이 많은 반면, 상업용 토지는 거래사례들이 희소합니다. 최근 경향을 제대로 반영한 사례를 찾기가 어렵다 보니, 제대로 가격을 평가하기도 어렵습니다. 사례가 없다 보면, 안쪽의 주택 부지를 사례로 삼고 개별요인 비교를 하는 일도 있는데, 이때 자의적인 평가가 이루어질 가능성이 높습니다(반대로 희소가치가 낮은 맹지 같은 토지가 오히려 고평가될 위험(?)이 높습니다. 거래가 힘든 토지임에도 불구하고, 희소가치가 중간인 토지를 사례로 삼아 감가가 적게 이루어질 수 있기 때문입니다).

하지만 희소성이 높다 보니, 평가가 잘못 나왔다고 하더라도 바로잡을 수 있는 가능성이 일반 토지보다 높은 것도 사실입니다. 물론 그 가능성이 높다는 이야기는 아닙니다. 가능성 자체는 낮지만, 일반 토지보다는 상대적으로 좀 더 높다는 뜻입니다. 이제, 낮게 평가되었던 희소성 있는 토지의 평가액을 바로잡았던 저의 경험을 이야기해보겠습니다.

첫 번째 사례

서울의 한 재개발 구역 내의 토지가 현금청산 보상금이 너무 적다고 해서 소송감정을 의뢰받은 적이 있습니다. 지하철역에서 불과 200~300m 정도 떨어져 있고, 대로변에 위치한 토지였는데, 평가기준 시점이 2020년 1월 3일이기는 했지만, 기존 보상평가액이 $3.3m^2$ 당 약 2,000만 원 수준으로 매우 저평가되었습니다. 이러한 희소성 높은 토지가 왜 이렇게 저평가되었던 것일까요?

저평가되었던 대로변의 토지

출처 : 네이버 지도

앞서 잠깐 언급도 되었듯이, 1차 감정평가 때 부동산 경기 변동에 의한 가격 급등 이전의 사례를 사용해서 비교적 낮게 감정평가되었기 때문이었습니다. 2차나 3차 감정평가에서도 여기에서 찔끔 올려주는 정도에 그쳤습니다. 전에 평가했던 걸 보니 지가가 급등하기 이전, 다소 낮은 수준의 거래사례를 사용해서 평가했던 것을 볼 수 있었습니다(자료에서 볼 수 있듯이, 2017년 11월 17일의 것을 사용한 것을 볼 수 있네요).

오래전 사례를 사용한 감정평가

비교표준지 기호	사례 기호	사례단가 (원/㎡)	시점수정	일반 요인	지역 요인	개별 요인	사례기준가격 (①, 원/㎡)
아	3	3,804,097	1.12045	1.000	1.000	1.304	**5,558,040**
사정보정	별도의 사정 개입은 포착되지 않음.						
시점수정	2017.11.17. ~ 2020.01.31. 주거지역 지가변동률 적용함.						
일반요인	비교사례와 비교표준지는 동일 사회·경제권역에 속하므로 상호 대등함.						
지역요인	비교사례와 비교표준지는 인근지역에 위치하여 상호 대등함.						
개별요인	표준지는 사례 대비 가로조건, 접근조건, 환경조건 등에서 다소 우등함.						

구분	가로조건	접근조건	환경조건	획지조건	행정적조건	기타조건	누계치
아	1.15	1.08	1.05	1.00	1.00	1.00	1.304

출처 : 해당 감정평가서

저는 최근의 사례를 조사했는데, 급등한 시세를 반영하기 위해서는 아무리 보수적으로 생각해도 20% 이상은 올려야 할 입장이었습니다(보상평가는 개발이익 배제를 원칙으로 하고 있으나, 해당 사업으로 인한 개발이익의 배제를 원칙으로 하고 있는 것입니다. 일반적인 부동산 경기변동이나 다른 사업에 의한 지가변동까지 배제하는 것은 아닙니다). 또 찔끔 올려주는 것은 아무리 봐도 눈 가리고 아웅에 불과했습니다.

보상금 증액 소송의 감정평가서는 감정평가사협회의 심사를 거치도록 되어 있었기 때문에 저는 고민에 빠졌습니다. 과연 얼마나 올려주어야 할 것인지 말이죠. 평가 목적이 손실 보상이므로, 낮게 거래된 거래사례와 높게 거래된 거래사례가 있다면, 마땅히 높게 거래된 사례를 더 중점에 두고 보아야 하지 않을까요? 희소성이 높은 부동산인데 말이죠. 제가 만약에 그냥 종전 평가액 대비 찔끔 올려주고 만다면, 감정인으로서의 본분을 망각하고, 대한민국 소송제도의 취지를 무너뜨리는 것이라고 생각했습니다. 그래서 저는 감정평가서를 작성할 때, 낮게 거래된 거래사례와 낮게 평가된 보상선례를 배제하고, 종전의 평가가 낮게 평가되었음을 입증하는 사례들만 기재했습니다. 그리고 약 25% 올려주는 것이 결코 제 마음대로 높게 하는 것이 아님을 여러 번 언급했습니다. 그리고 평가 대상은 대로변의 상업용 토지이기 때문에, 많이 올려준다고 하더라도 안쪽의 주택용 토지와의 균형이 깨어지는 것도 아님을 강조했습니다. 그리고 낮게 평가된 사례와 균형을 맞추기 위해 종전 평가액 대비 찔끔 올려준다면 대한민국 소송제도의 취지를 무시하는 것이라고도 썼습니다. 이제 감정평가서를 완성하고 한국감정평가사협회의 심사를 받게 되었습니다.

아니나 다를까, 심사위원장은 저의 평가액을 인정할 수 없다고 했고, 저는 감정평가서에 그렇게 근거를 많이 제시했는데도 왜 안 된다고 하시는지 항의했습니다. 항의하다 보니 언성도 높아지고 한참 싸웠습니다. 평가 대상 토지는 6차선 도로변에 역세권 토지였고, 사례로 삼은 토지는 2차선 도로변에 역세권도 아닌 토지였으므로 그

누가 보아도 평가 대상 토지가 여러모로 우세한 상황이었습니다. 하지만 심사위원장은 종전 평가액 대비 10%를 훨씬 넘겨서 평가한 감정평가서에 대해 적정하다고 심사를 내주기가 상당히 부담되는 모양이었습니다. 10% 정도만 올리는 게 어떻겠느냐고 했지만, 굽히지 않았더니 제가 사례로 삼은 토지의 공시지가가 평가 대상 토지의 공시지가보다 수십 년 동안 높게 책정되어왔다고 하면서, 저의 판단을 믿지 못하겠다며 결국 심사를 반려했습니다. 그러면서 심사위원장은 제가 감정평가서를 법원에 제출할 수는 있지만, 나중에 감정평가 타당성조사가 들어갈 가능성도 있다고 말했습니다.

하지만 타당성조사가 무서워서 자신의 평가결과를 자신 있게 제시하지 못한다면 감정평가사로서 자질이 부족한 것이라고 봅니다. 저는 마지막으로 공시지가를 담당하는 감정평가사님께 의견을 여쭈었습니다. 그분은 공시지가의 균형이 맞지 않았음을 인정하시면서, 제 생각에 동의해주셨고, 앞으로는 차차 공시지가의 균형을 맞추어 나가겠다는 뜻을 비추셨습니다.

결국 저는 약 25% 상향 조정 평가한 감정평가서를 법원에 제출했습니다. 나중에 감정평가 타당성조사가 있을 수도 있습니다. 번거롭게 제가 불려 다닐 수도 있습니다. 하지만 상관없습니다. 진실은 제 편이니까요.

두 번째 사례

희소성 있는 토지를 저평가받은 한 소유자께서 저에게 사감정을 요청해오신 적이 있습니다. 다음 도면에서 경기도의 한 토지(391-16)는 도로로 사용되고 있는데, 도로로 변경되기 이전의 지목은 '전'이었습니다.

대상 토지의 지적도

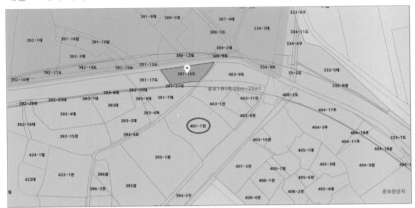

출처 : 토지이음

1954년 당시 대상 토지의 항공사진

출처 : 국토지리정보원

과거 1954년 당시 항공사진을 조회해 현 지적도와 비교해보았는데, 앞의 사진에서 빨간색으로 표시한 부분이 대상 토지입니다. 파란색으로 표시한 토지는 표준지(401-1)입니다. 항공사진을 보면, 대상 토지는 예전부터 계통성이 우수한 도로에 접하고 있었습니다. 하지만 표준지는 좁은 도로에 접하기는 했으나 계통성이 좋지 못한 도로에 접했었다는 것을 확인할 수 있습니다. 도로의 폭은 큰 차이가 나지 않았지만, 양자는 큰 차이가 있습니다. 즉, 대상 토지가 접한 도로는 마을 사람들이 자주 드나드는 도로였고, 표준지가 접한 도로는 좁은 농로에 불과합니다. 그러므로 예전부터 이미 대상 토지는 표준지보다 입지가 훨씬 우수한 토지였다고 볼 수 있습니다.

이후 대상 토지 북측의 도로가 확장되면서, 대상 토지도 도로가 되었는데, 도로확장공사를 하면서 보상금을 지급하지 않았습니다. 그래서 행정청에서 '미지급용지'로 인정했습니다. 미지급용지는 현재 이용 상황이 아니라 종전의 이용 상황 즉 '전'을 기준으로 평가해 보상하도록 하고 있습니다. 다만, 이런 경우 당해 도로확장으로 인한 이익은 고려하지 않고 평가하도록 되어 있습니다. 즉, 현재는 2차선 도로에 접해 있지만, 예전의 좁은 도로에 접한 것으로 보고 평가한다는 것입니다. 그런데 협의보상 감정평가에서는 이렇게 평가했습니다.

저평가된 대상 토지

일련번호	보상대상토지						비교표준지			시점수정	지역요인	개별요인							그밖의요인	도로구거등	산정단가(원/㎡)	적용단가(원/㎡)	비고
	소재지	지번 당초	지번 편입	용도지역	지목공부	면적(㎡)	기호	소재지	공시지가(원/㎡)			가로	접근	환경(자연)	획지	행정	기타	누계					
52	연리	391-16	391-16	계획관리	도	183.00	마	리 401-1	236,500	1.03580	1.00	-	1.10	1.03	0.70	1.00	1.00	0.793	1.90	1.00	369,091	369,000	

출처 : 해당 감정평가서

협의보상평가에서는 개별요인 비교에서 접근조건을 1.10으로 보고 자연조건을 1.03으로 보았습니다. 이는 본건 토지가 접한 도로의 계통성 및 본건 토지의 주위환경, 당해 토지가 접한 도로변의 토지가격 수준과 안쪽 도로에 접한 토지 가격 수준의 차이 등을 생각할 때 지나치게 낮은 수치라고 생각되었습니다. 본건 토지가 접한 도로는 1954년 당시부터 통행로로 사용되었고, 현재 상업용 토지들이 접한 도로로서 계통성이 훨씬 우수하므로 이 점을 고려해야 하는 것이 타당합니다. 또한 주변 이용 상황이 공업용이나 주거용이 아닌 상업용이라는 점 역시 감안해야 할 것입니다(대법원 2002. 10. 25, 선고 2002다31483 판결 참조).

　따라서 저는 사감정에서, 소로변의 대지(상업용) 시세와 안쪽 세로변의 대지(공업용 또는 주거용) 시세 차이를 고려했습니다. 그래서 접근조건의 개별요인 비교치를 1.42로 결정했습니다.

　또한 협의보상평가에서는 획지조건을 0.70으로 보았는데, 아마도 본건 토지 일부를 '전'이 아닌 자연발생적 도로(사실상 사도)로 판단해 낮게 평가한 것이 아닌가 생각되었습니다. 그러나 항공사진 등을 볼 때, 도로확장이 되기 이전에는 본건 토지 전체가 '전'이었을 것으로 판단되었습니다. 사업시행자 역시 본건 토지의 이용 상황을 '예전부터 일부 도로'라고 판단하지도 않았습니다. 따라서 일부를 굳이 감정평가사가 자의적으로 사실상의 사도로 판단할 이유도 없는 것입니다. 즉, 본건 토지가 온전히 '전'이라면, 굳이 획지조건을 표준지보다 낮게 보아야 할 이유가 없습니다. 오히려 면적, 도로접면상태

(표준지는 도로와의 사이에 구거가 존재함) 등에서 다소 우세하다고 보여지므로, 사감정에서 획지조건을 1.10으로 결정했습니다. 결론적으로 사감정에서는 다음과 같이 대상 토지의 개별요인 비교치를 결정했습니다.

접근 조건	자연 조건	획지 조건	행정적 조건	기타 조건	개별요인 비교치
1.42	1.00	1.10	1.00	1.00	1.562

그리고 '그 밖의 요인 보정'에서도 협의보상평가에서는 약 3년 전의 사례를 사용해 다소 저평가되었습니다. 그래서 사감정에서는 최신 사례를 사용해 상향 조정했습니다. 결과적으로 사감정은 협의보상평가 대비 약 2배 이상으로 평가되었습니다. 사감정을 의뢰하신 분께서는 이를 인용해 수용재결에서 유리한 결과를 얻어내실 것으로 생각됩니다.

세 번째 사례

경상북도의 한 토지 소유자께서 저에게 자문을 요청해오셨습니다. 대상 토지는 고속도로IC와 시내에서 국가산업단지로 향하는 도로변에 있는 토지였습니다.

따라서 대상 토지가 접한 도로는 통행량이 엄청나게 증가할 것으로 예상되었습니다. 그렇게 되면, 많은 차량들이 지나가면서 많은 사람들의 눈에 띄는 토지가 되는 것이고, 따라서 상업적 가치가 크게

출처 : 네이버 지도

상승할 것입니다. 그래서 시골이었지만, 최근 이 도로에 접한 토지가 3.3m^2당 500만 원 정도에 거래되기도 했습니다. 반면, 본건 토지 안쪽에 위치한 시골 마을의 허름한 단독주택은 3.3m^2당 불과 100~150만 원 수준에 거래되고 있었습니다.

용도지역이 같다면, 도시지역에서는 대로변 상업지와 안쪽 주택지의 가격 수준 차이가 2배 이상 나는 경우가 많지 않습니다. 그러나 이와 같은 케이스는 대로변에 접한 토지와 안쪽 마을의 단독주택지는 매우 큰 차이가 날 것입니다. 차량 통행이 급증할 것은 예상되지만, 그렇다고 차량들이 마을 안쪽까지 들어오는 비율은 매우 적을 것이기 때문입니다.

그러나 대상 토지의 희소한 가치를 반영하는 표준지가 없었습니다. 그래서 1차 감정평가에서는 비교표준지로 안쪽 주택지가 선정되었습니다. 개별요인 비교로 아마 표준지보다 50~70% 내외 정도 우세하다고 보았겠지요. 그래서 1차 감정평가액이 3.3㎡당 약 200만 원 정도로 나왔다고 합니다. 어떻게 보면, 대로변의 토지 공시지가와 안쪽 주택지 공시지가가 그렇게까지 큰 차이가 나지 않으니 정당한 평가라고 생각할 수 있을 겁니다. 개별공시지가는 통계에 의해 작성되는 '토지 가격비준표'에 의해 산정됩니다. 한국부동산원의 '토지 가격비준표 열람 서비스(sct.reb.or.kr)'로 들어가서, 해당 지역의 도로접면에 따른 토지 가격 배율을 일부 조회해보니 다음과 같았습니다.

도로접면	광대한면	광대소각	광대세각	중로한면	중로각지
광대한면	1.00	1.09	1.06	0.96	0.98
광대소각	0.92	1.00	0.97	0.88	0.90
광대세각	0.94	1.03	1.00	0.91	0.92
중로한면	1.04	1.14	1.10	1.00	1.02
중로각지	1.02	1.11	1.08	0.98	1.00
소로한면	1.16	1.27	1.23	1.12	1.14
소로각지	1.10	1.20	1.16	1.05	1.08
세로(가)	1.28	1.40	1.36	1.23	1.26
세각(가)	1.25	1.36	1.33	1.20	1.23
세로(불)	1.45	1.58	1.54	1.39	1.42
세각(불)	1.43	1.56	1.51	1.37	1.40
맹지	1.52	1.65	1.61	1.45	1.48

이 표에 의하면, 대로(광로)에 한면이 접한 토지는 맹지에 비해 가격 배율이 불과 1.52에 지나지 않습니다. 즉, 안쪽 토지를 비교표준지로 삼고 대로변 토지의 개별공시지가를 산정하면 저평가되는 결과를 초래할 수 있는 것입니다. 특히 대상 토지의 경우는 더욱 그렇습니다. 그러니 담당 감정평가사가 토지 가격비준표와 비슷한 가격 배율에 익숙해지다 보면 시장 가치와 괴리되는 평가를 할 수 있는 것입니다.

하지만 토지 소유자로서는 황당하지요. 감정평가액이 시장 가치의 반값 정도밖에 안 나왔으니까요. 이런 때는 비교표준지를 같은 동네에서 찾을 것이 아니라 다소 먼 거리에 있더라도 유사성이 높은 표준지를 찾아야 한다고 봅니다. 결론적으로, 저는 토지 소유자께 추후 사감정을 진행한다면 $3.3m^2$당 약 500만 원으로 평가할 수 있음을 알려드렸습니다. 필요하실 경우 다시 연락을 주실 수도 있겠지요.

앞서 사례들에서 어떤 점을 알 수 있을까요? 감정평가사들이 세심한 주의를 기울여 평가하지 않으면, 희소성이 높은 토지들은 잘못 평가될 우려가 높다는 것입니다. 또한 개별공시지가는 정책적 가격일 뿐, 결코 믿어서는 안 된다는 점도 알 수 있습니다. 이렇게, 희소성이 높은 토지가 잘못 평가될 경우 적극적으로 이의를 제기해야 할 것입니다.

훼손된 개발제한구역의 토지

두 가지 예를 통해 생각해보겠습니다.

대상 토지의 토지이용계획

소재지	서울특별시 구 동 번지		
지목	임야	면적	51 ㎡
개별공시지가(㎡당)	1,029,000원 (2021/01) 연도별보기		
지역지구등 지정여부	「국토의 계획 및 이용에 관한 법률」에 따른 지역·지구등	도시지역 , 자연녹지지역 , 대로1류(폭 35M~40M)(접합)	
	다른 법령 등에 따른 지역·지구등	가축사육제한구역<가축분뇨의 관리 및 이용에 관한 법률>, 개발제한구역<개발제한구역의 지정 및 관리에 관한 특별조치법>, 대공방어협조구역(위탁고도:77-257m)<군사기지 및 군사시설 보호법>, 비행안전제2구역(지원)<군사기지 및 군사시설 보호법>, 제한보호구역<군사기지 및 군사시설 보호법>, 공익용산지<산지관리법>, 보전산지<산지관리법>, 과밀억제권역<수도권정비계획법>, (한강)폐기물매립시설 설치제한지역<한강수계 상수원수질개선 및 주민지원 등에 관한 법률>	
「토지이용규제 기본법 시행령」 제9조 제4항 각 호에 해당되는 사항			
확인도면	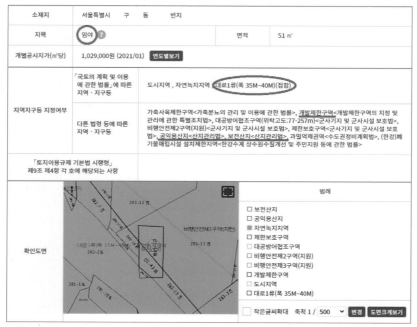		

출처 : 토지이음

앞의 토지는 서울에 위치한, 대로변에 접하는 개발제한구역의 '임야'인데, 현황은 고물상으로 사용하고 있습니다.

대상 토지의 현황

출처 : 네이버 지도 로드뷰

　평탄한 토지로 사용하고 있는데, 개발제한구역의 '임야'이니까 산지관리법상 보전산지, 공익용산지로 등재되어 있기도 합니다. 이런 토지에 대한 보상가격은 얼마나 되어야 마땅한 것일까요?

　공익사업을 시행하는 사업시행자 측은 지목이 '임야'이고, 현재는 불법형질변경된 것이므로 '임야'로서 보상해야 한다고 판단합니다. 그리고 그에 따라 평가하도록 감정평가사들에게 의뢰 목록을 보냅니다. 그러면 감정평가사들은 대개 '임야'인 표준지를 비교표준지로서 선정할 것입니다. 그리고 개별요인 비교와 그 밖의 요인 비교를 통해 보상평가액을 결정합니다. 그렇다면, 맹지인 개발제한구역 임야 표준지 시세가 3.3㎡당 30만 원이라고 했을 때, 개별요인에서 왕창 올려서 3.3㎡당 300만 원으로 평가할 수 있는 감정평가사가 있을까요? 개별요인 비교치를 10 정도는 넣어야 하는데 말이죠. 이런 땅은 제대로 된 건물은 못 짓지만, 평지이고 대로변에 접하므로 마땅히 순수 맹지 자연림보다는 10배의 값을 받을 만한데도 감정평가사들은 과감하지 못한 것이 현실입니다. 대개 맹지 임야의 2~3배 수준에서 결정하고 말죠.

이러다 보니 어떤 일이 발생할까요? 해당 평지 임야 평가가격이 3.3㎡당 100만 원도 안 하는데, 바로 옆 땅 개발제한구역 '전'은 3.3㎡당 500만 원으로 평가하는 결과를 내고 맙니다. 겉보기에는 아무런 차이도 없는 땅이 몇 배 차이가 나게 되는 것입니다. 이것이 과연 온당한 평가결과일까요? 물론 '전'은 '산지관리법'상 공익용산지도 아니고 농지이니, 합법적으로 온실도 지을 수 있습니다. 그래서 대로변의 개발제한구역 '전'은 화원 운영도 가능하기에, 분명 '임야'보다는 우세합니다.

그러면 개발제한구역 평지 '임야(나무가 집단적으로 생육하고 있는 산지)'에는 어떤 행위가 가능할까요? 아무것도 못하고, 나무 한 그루라도 벌채하면 안 될까요? '개발제한구역의 지정 및 관리에 관한 특별조치법 시행령' 제19조 제4호에 의하면, 벌채 면적이 500㎡ 미만이거나 벌채 수량이 5㎥ 미만일 경우 '신고'만으로 벌채가 가능하다고 되어 있습니다. 하지만 시장·군수·구청장은 법령에 적합하지 않으면 그 신고를 거부할 수도 있습니다. 사실상 허가 없이는 조금이라도 벌채하기가 어렵다는 것입니다.

하지만 '산지관리법' 제12조 제2항에 의하면 공익용산지(산지 전용 허가를 받아)에서는 관상수의 재배가 가능합니다(단, 온실 설치는 불가능합니다). 그러므로 '노지 나무 시장' 같은 것은 할 수 있는 셈입니다.

다시 말하면, 개발제한구역 대로변 평지 임야는 화원은 하지 못해도 나무 전시판매장은 할 수 있습니다. 그러니 수익성을 볼 때 가격 수준이 같은 위치의 농경지 가격의 50% 이상은 되어야 한다고 봅니다. 어차피 개발제한구역 농경지에서도 할 수 있는 개발행위는 많지 않으니까요. 또한 비교표준지도 맹지 임야보다는 평지인 농경지 표준지를 비교표준지로 삼는 것이 모양새가 더 나을 것입니다. 행정적 조건에서는 다소 열세하지만, 토지의 자연적 조건에서 가장 유사성이 높은 표준지라고 할 수 있으니까요. 이런 임야가 만약 농경지 가격의 20% 수준으로 평가된다면 지나치게 저평가되는 것이라고 볼 수 있겠죠. 하지만 저는 실제로 이렇게 저평가된 사례를 보았습니다(물론, 대로변 평지 임야가 아니라, 경사도가 있는 맹지 임야라면 이야기가 다르겠지요. 온실이나 버섯재배사 설치가 가능한 농경지 가치와의 격차가 더 커지므로, 주변 농지 가격의 10~20%도 될 수 있습니다).

만약 해당 임야가 벌채와 관련된 규제가 시행된 법(구 '임산물 단속에 관한 법률')이 제정(1961. 6. 27)된 이전부터 수목이 식재되어 있지 않았던 임야(즉, 잡종지)라면 어떨까요? 산지 복구 의무가 없으므로, 산지 전용 허가 또는 신고를 필하지 않고도 나무 전시판매장뿐 아니라 주차장, 적치장 등으로도 사용할 수 있을 것입니다. 이 경우에는 농경지에 준해 평가하면 될 것입니다. 당연히 일반적 '임야'보다 가격 수준이 더 높아야 하겠지요.

또 다른 예를 통해 생각해보겠습니다. 서울 모처의 재개발구역 내 종전자산 감정평가에 관한 질문을 받았습니다. 토지만 갖고 계신 분이셨는데, 평가액이 불과 1㎡당 5만 원 내외가 나왔다는 것입니다. 개발제한구역에 지목이 임야여서, 일반 주택지보다 가치가 낮은 것은 사실입니다. 하지만 그분의 토지는 지목만 임야일 뿐, 산속에 있는 토지가 아니라 평평한 지형을 갖고 있는, 개발제한구역만 아니라면 주택지로 사용해도 손색이 없는 땅이었습니다.

대상 토지의 현황

출처 : 네이버 지도 로드뷰

이렇게 산기슭에 무허가 건물이 소재하고 있는 개발제한구역의 임야였습니다. 그래서 평가액이 1㎡당 불과 5만 원이 나왔다는 사실에 경악했습니다. 아무리 개발제한구역이라도 서울인데 그럴 수가 있나 하는 생각이 들었습니다. 서울이라도, 산속의 개발제한구역 임야는 잘 거래가 되지 않고, 거래사례는 매우 낮은 가격이기는 합니다. 그 가격을 기준으로 해 약간만 보정해 평가를 하면 1㎡당 5만 원 정도로 평가할 수도 있는 것은 사실입니다. 저도 심증적으로 가격이 너무 낮다고 느낀 것은 사실이지만, 개발제한구역 임야이므로 담당 감정평가사가 1㎡당 5만 원으로 판단했다면 이를 뒤집기는 어렵겠다는 생각이 들었습니다.

하지만! 다시 가만히 생각해보니, 똑같은 개발제한구역 임야라도 앞과 같은 종류의 토지는 일반 산 중턱에 있는 임야보다 훨씬 더 높게 거래될 것이 분명했습니다. 왜 그럴까요? 그리고 무슨 근거로 그렇게 평가할 수 있을까요? 바로 '생태적 가치'의 차이 때문입니다. 어차피 오랫동안 무허가건물 부지로 사용하고 있는 토지는 개발제한구역 지정 필요성이 높지 않습니다. '개발제한구역의 지정 및 관리에 관한 특별조치법 시행령' 제2조 제3항 제1호는 다음과 같습니다.

③ …개발제한구역이 다음 각 호의 어느 하나에 해당하는 경우에는 국토교통부장관이 정하는 바에 따라 개발제한구역을 조정하거나 해제할 수 있다.
1. 개발제한구역에 대한 환경평가 결과 보존가치가 낮게 나타나는 곳으로서 도시용지의 적절한 공급을 위하여 필요한 지역. 이 경우 도시의 기능이 쇠퇴하여 활성화할 필요가 있는 지역과 연계하여 개발할 수 있는 지역을 우선적으로 고려하여야 한다.

따라서 현재 개발제한구역이 해제되지 않았더라도, 생태적 가치가 낮은 토지로 분류되어 있으면 개발제한구역 해제 기대감이 더 높은 것입니다. 그러므로 일반적인 개발제한구역의 토지보다 마땅히 더 높게 거래되어야 할 것입니다. 참고로 '산지관리법' 제6조 제3항 일부도 다음과 같습니다.

③ 산림청장은 다음 각 호의 어느 하나에 해당하는 경우에는 보전산지의 지정을 해제할 수 있다. 이 경우 산림청장은 제1호·제2호 또는 제4호에 해당하는지를 판단하기 위하여 필요하면 해당 산지의 입지여건, 산지경관 및 산림생태계 등 산지의 특성에 관한 평가(이하 "산지특성평가"라 한다)를 실시할 수 있다.

1. 보전산지가 임업용산지 또는 공익용산지의 지정 요건에 해당하지 아니하게 되는 경우

그럼 생태적 가치가 낮은지에 대해서는 어디서 확인할 수 있을까요? 환경부에서는 '환경공간정보서비스(egis.me.go.kr)'를 제공하고 있는데, 여기서 '생태자연도'를 보면 됩니다.

환경부에서 제공하는 환경공간정보서비스 화면

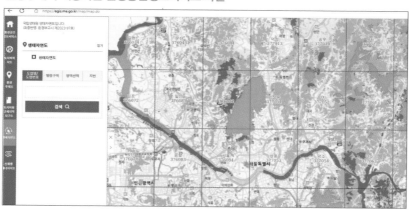

출처 : 환경공간정보서비스

바둑판처럼 지도가 나오는데요, 이것을 확대할 수 있습니다. 계속 확대해서, 보고 싶은 필지가 어느 등급에 해당하는지 보면 됩니다.

환경공간정보서비스 화면(1차 확대)

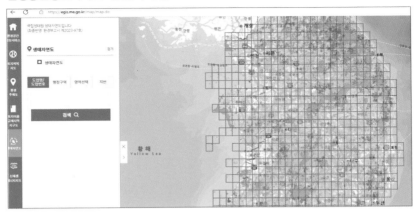

환경공간정보서비스 화면(2차 확대)

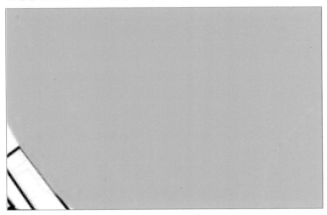

출처 : 환경부 환경공간정보서비스

　앞의 그림은 소유자께서 문의하셨던 토지 일부를 도면에서 캡처한 것입니다. 산기슭에 위치해 대지화된, 이미 생태적 가치가 낮은 토지이므로 흰색(3등급)으로 되어 있습니다. 옅은 녹색(2등급)으로

된 토지와는 분명 다릅니다(앞서 나왔던, 대로변에 위치한 개발제한구역 토지도 분명 생태적 가치가 낮을 것이므로 평가 시 이 점을 고려해야 마땅할 것입니다).

따라서 대상 토지는 생태적 가치가 높은 토지가 아니므로, 일반적인 개발제한구역 임야로 평가할 것이 아니라, 높게 평가되어야 할 것입니다. 그럼 재개발사업을 위한 종전자산평가에서, 그 시장 가치(개발이익 프리미엄을 배제한 자산의 가치)는 얼마로 판단할 수 있을까요?

예를 들어, 대상 토지와 매우 유사한 바로 옆 토지(약 200㎡)의 거래사례가 있다고 해보겠습니다. 6억 원에 거래되었다고 해보겠습니다. 그리고 재개발구역에 속해 향유할 수 있는 프리미엄의 현재 가치는 거래 시점 당시 4억 8,000만 원이라고 가정해보겠습니다. 그렇다면 프리미엄을 배제한 거래사례의 가격은 1억 2,000만 원, 즉 3.3㎡당 약 200만 원으로 보면 될 것입니다. 본 건도 이에 준해 평가해야 맞겠지요. 1㎡당 5만 원 정도로 평가한다면 분명 헐값 평가라고 할 수 있을 것입니다. 이처럼, 희소성이 있고 이미 훼손된 상태에 있는 개발제한구역의 토지 역시 저평가될 위험이 높습니다. 이러한 토지가 저평가되었다면 마땅히 적극적으로 이의제기를 해야 할 것입니다.

Q 용도지역 등이 상향 조정될 가능성이 있는 토지

농업진흥지역이 해제될 가능성이 있는 토지

원래는 넓은 경지정리지대에 속하다가 도로개설 등으로, 폭 8m 이상인 도로, 철도, 하천 등으로 둘러싸인, 자투리 지대가 있을 수 있습니다. 이런 경우 농업진흥지역이 해제될 수 있습니다.

'농지법 시행령' 제28조 제1항 제1호 다목

제28조(농업진흥지역 등의 변경·해제) ①법 제31조 제1항 본문에 따라 시·도지사가 농업진흥지역 또는 용도구역을 변경 또는 해제할 수 있는 경우는 다음 각 호와 같다.
1. 다음 각 목의 어느 하나에 해당하는 경우로서 농업진흥지역을 해제하는 경우
   다. 해당 지역의 여건변화로 농업진흥지역의 지정요건에 적합하지 않게 된 경우. 이 경우 그 농업진흥지역 안의 토지의 면적이 3만㎡ 이하인 경우로 한정한다.

'농업진흥지역관리규정(농림축산식품부훈령)' 제8조(진흥지역의 해제 대상)

영 제28조 제1항 제1호 다목의 '해당 지역 여건 변화'라 함은 다음 각호의 어느 하나에 의해 도로, 철도 등이 설치되거나 택지, 산업단지 지정 등으로 인하여 집단화된 농지와 분리된 자투리 토지로서 진흥구역은 농로 및 용·배수로가 차단되는 등 실제로 영농에 지장을 주는 경우, 보호구역은 진흥구역의 농업환경을 보호하기 위한 본연의 기능이 상실된 경우를 말한다.
1. 도로법 제10조에 따른 도로
2. 국토의 계획 및 이용에 관한 법률 제2조 제7호에 따른 도로(폭 8m 미만인 소로는 제외한다)
3. 철도산업발전기본법 제3조 제1호에 따른 철도
4. 하천법 제2조 제1호에 따른 하천

이러한 경우는 마땅히 일반적 농업진흥지역 토지보다 더 높게 평가되어야 할 것입니다. 저평가된 경우 적극 이의제기를 해볼 수 있겠습니다.

계획관리지역으로 상향 조정될 가능성 있는 토지

국토교통부 훈령인 '도시·군관리계획수립지침'에 의하면 어떠한 지역을 어떤 용도지역으로 지정하는지 상세하게 나와 있습니다. 이

중 관리지역과 농림지역에 관한 규정을 보면 다음과 같습니다.

3-1-6-2. 보전관리지역
(1) 자연환경보호, 산림보호, 수질오염방지, 녹지공간 확보 및 생태계 보전 등을 위하여 보전이 필요하나 주변의 용도지역과의 관계 등을 고려할 때 자연환경보전지역으로 지정하여 관리하기가 곤란한 지역
(2) 장래 보전산지나 자연환경보전지역으로 변경할 필요가 있는 지역

3-1-6-3. 생산관리지역
(1) 농업·임업·어업생산 등을 위하여 관리가 필요하나 주변의 용도지역과의 관계 등을 고려할 때 농림지역으로 지정하여 관리하기가 곤란한 지역
(2) 장래 농업진흥지역이나 농림지역으로 변경할 필요가 있는 지역

3-1-6-4. 계획관리지역
(1) 도시지역으로의 편입이 예상되는 지역 또는 자연환경을 고려하여 제한적인 이용·개발을 하려는 지역으로서 계획적·체계적인 관리가 필요한 지역
(2) 관리지역중에서 기반시설이 어느 정도 갖추어져 있어 개발의 압력을 많이 받고 있는 지역과 이로 인하여 난개발이 예상되는 지역

제7절 농림지역
3-1-7-1. 농림지역은 도시지역에 속하지 않는 농지법에 의한 농업진흥지역 또는 산지관리법에 의한 보전산지 등으로서 농림업의 진흥과 산림의 보전을 위하여 필요한 지역에 지정한다.

3-1-7-2. 관리지역 안에서 농지법에 의한 농업진흥지역으로 지정·고시된 지역과 관리지역 안의 산림 중 산지관리법에 따라 보전산지로 지정·고시된 지역으로서 당해 고시에서 농림지역으로 구분된 지역은 농림지역으로 결정·고시된 것으로 본다.

이 규정을 뒤집어 보면, 농림지역이나 보전관리, 생산관리지역이라 하더라도 용도지역이 바뀔 수도 있다는 것을 시사하고 있습니다. 농림어업 생산을 더 이상 하지 못하거나 보전가치가 낮으면 그렇게

될 수 있는 것입니다. 즉, 기존 도시지역이나 계획관리지역에 인접해 있고 개발의 압력이 높아지고 있는 지역은 계획관리지역으로 지정될 가능성이 높다는 것을 알 수 있습니다.

예를 들어, 다음 지도에서 붉은색 원 안의 지역은 농림지역이지만, 이미 건물들이 많이 지어져 보전가치가 사라졌습니다. 또한 주변이 계획관리지역과 주거개발진흥지구로 지정되어 있어 계속 개발압력이 높아지고 있습니다. 이러한 지역은 향후 계획관리지역으로 지정될 가능성이 높을 것입니다. 그러므로 이러한 토지가 저평가되지는 않았는지 유의해서 살펴볼 필요가 있습니다.

보전가치가 사라진 농림지역

출처 : 네이버 지도

주거지역으로 바뀔 가능성이 있는 토지

서울은 땅이 부족해 낡은 건물이 많으면 재개발을 할 수밖에 없습니다. 하지만 지방 도시 구도심의 경우, 낡은 건물이 많아져 환경이 열악해지면, 주변 땅이 많으니 도시를 개발해야 할 것입니다. 다음 지도에서, 노란색으로 칠해진 남북으로 뚫린 도로를 기준으로, 서측은 여전히 농림지역으로 지정되어 있고, 동측은 주거지역으로 바뀐 모습을 볼 수 있습니다.

주거지역으로 변경된 농림지역

출처 : 네이버 지도

이는 도시의 확장에 따른 결과입니다. 여기서 유의할 점은 주거지역으로 변경되기 이전에 같은 농림지역이고 지리적 거리가 가깝다고 하더라도, 가치 차이가 클 수 있다는 것입니다. 즉, 도로를 기준으로 동측과 서측의 가치 차이가 클 수 있다는 것입니다. 이렇게 용도

지역 변경이 기대되는 토지가 상대적으로 저평가된 경우, 적극 이의 제기를 해볼 수 있습니다.

🔍 지장물 평가액이 현실적 가격과 괴리되는 경우

보상이나 재개발·재건축에서 중요한 것은 토지의 평가이지만, 지장 물 역시 현저하게 저평가된다면 억울할 것입니다. 지장물 역시 다양 한 사유로 저평가되는 경우가 있습니다. 그러한 경우 구체적 근거를 들어 적극 이의제기를 해야 할 것입니다. 예를 들어 살펴보겠습니다.

수목

수목의 경우 저평가되는 사례를 적지 않게 보아왔다고 생각합니 다. 보상에서 수목은 이전비로 평가함이 원칙입니다. 즉, 보상 대상 자별로 이전 대상 수목들의 그룹을 확정한 후에, 그 수목들을 이전 하는 데 드는 비용을 일괄로 추산하는 것입니다. 몇 명의 인부가 필 요할 것이며, 몇 대의 트럭과 크레인이 필요할 것인지를 추산하고, 최신 시장 단가를 조사해 이전비를 평가하게 됩니다. 다만, 이전비 가 그 물건의 가격보다 더 많이 나오는 경우, 그 물건의 가격으로 평 가해 보상하는 것이 보통입니다.

그런데 보상을 받는 입장에서 보면, 보상가격의 대부분이 토지(자 생하는 수목의 경우 토지에 포함됨) 가격입니다. 그러니까 토지 가격만 괜찮게 나오면, 수목이 저평가된다고 하더라도 별다른 이의를 제기하지 않는 경우가 많았습니다. 하지만 대부분의 감정평가사들은 과수나 조경의 전문가가 아니기 때문에, 예전의 평가전례들을 답습해 수목을 상당히 저평가하는 경향이 있었다고 생각합니다. 저는 그런 경우를 적지 않게 보아왔습니다. 즉, 소유자별로 수목의 이전비나 취득 가격에 대한 별다른 고민 없이 개략적인 평가를 하는 것입니다. 예컨대, 좀 큰 나무는 수십만 원, 작은 나무는 몇 만 원 이런 식으로 가격을 책정하고 그걸 합해서 일괄 가격으로 평가하는 것입니다. 하지만 실상과 맞지 않는 경우가 적지 않았다고 생각합니다. 인터넷에서 조금만 조사해보아도 그 점을 알 수 있습니다. 예컨대, '트리디비(treedb.co.kr)'라는 사이트에서는 유통되는 조경수의 실거래가 수준이 제시되고 있습니다.

조경수의 실거래가 그래프

수종	규격	실시간 실거래가 (원)		
		목대가	작상가	도착가
가시나무	H3.5 * R8		55,000	
가시나무	H4.0 * R10		100,000	
가시나무	H4.5 * R12		140,000	
가시나무	H4.5 * R15		147,500	
가시나무	H5.0 * R20		350,000	

출처 : 트리디비 홈페이지

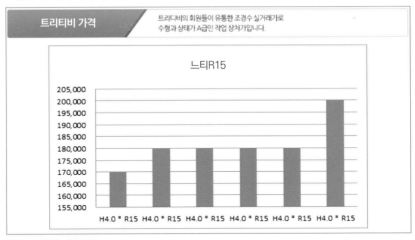

출처 : 트리디비 홈페이지

취득가격으로 평가한다면, 이러한 실거래가 수준을 무시하고 평가 전례에 의존해 평가하면 안 될 것입니다. 이전비로 평가한다면, 소유 자별로 전체적 수목의 이전비를 산정해야 할 것입니다.

건물의 인테리어 등

이 역시 저평가되어 온 사례를 적지 않게 보아왔다고 생각합니다. 보 상평가 또는 재개발 평가에서는 대개 오래된 건물들을 평가하게 됩니 다. 그런데 그중에는 건물의 외관을 매우 깔끔하게 해놓았거나, 인테 리어가 잘된 경우도 간혹 있습니다. 그런 경우는 더 임대나 매매가 잘 되기 때문에 높게 평가받아야 마땅합니다. 하지만 감정평가사들은 적 지 않은 경우, 특히 대량평가에서 '건물의 경과연수'만 살짝 조정하는 데 그칩니다. 그런 경우 어떻게 되는지 예를 들어보겠습니다.

- 내용연수가 45년이고, 관리 상태가 보통, 40년 경과된 구옥 주택의 건물 단가 :

  1,200,000원/m^2×5/45 = 약 133,000원/m^2이나,

  최소 사용 가치를 감안해 30%인 360,000원/m^2을 적용함.

- 내용연수가 45년이고, 40년이 경과되었지만, 외관이 페인팅 등으로 깔끔하고 인테리어를 한 지가 2~3년밖에 되지 않은 주택의 건물 단가 :

  1,200,000원/m^2×15/45

  = 약 400,000원/m^2(경과연수에서 10년을 감해줌)

이렇게 되면 인테리어를 한 집이나 그렇지 않은 집이나 큰 차이가 없게 됩니다. 어떻게 평가해야 합리적일까요? 실제 부동산 시장에서, 입지조건이 유사한, 구옥과 인테리어를 한 주택간의 임대료 격차, 또는 매매가 격차가 얼마나 나는지 조사해볼 필요가 있습니다. 조사된 그 격차율을 적극 고려해 건물을 평가할 필요가 있을 것입니다.

※ 나무에 대해서 보상금을 받고 그걸 또 팔아도 되는가?

공익사업의 시행자가 사업시행에 방해되는 지장물(건물, 수목 등)에 대해서 보상금을 지급했는데, 이때 사업시행자가 그 지장물에 대한 소유권을 취득하는 것일까요? 원칙적으로는 그렇지 않습니다. 다만 철거를 할 수 있을 뿐입니다.

'공익사업을 위한 토지 등의 취득 및 보상에 관한 법률' 제75조 제1항은 다음과 같이 규정하고 있습니다.

① 건축물·입목·공작물과 그 밖에 토지에 정착한 물건(이하 "건축물 등"이라 한다)에 대하여는 이전에 필요한 비용(이하 "이전비"라 한다)으로 보상하여야 한다. 다만, 다음 각 호의 어느 하나에 해당하는 경우에는 해당 물건의 가격으로 보상하여야 한다.

1. 건축물 등을 이전하기 어렵거나 그 이전으로 인하여 건축물 등을 종래의 목적대로 사용할 수 없게 된 경우
2. 건축물 등의 이전비가 그 물건의 가격을 넘는 경우
3. 사업시행자가 공익사업에 직접 사용할 목적으로 취득하는 경우

앞 규정에서 보시듯이, 건축물 등이 공익사업에 편입된 경우, 공익사업에 필요 없는 물건이므로 "이전비"로 보상함이 원칙입니다. 다만 제1호, 제2호에서는 건축물 등이 이전하기 어렵거나 이전비가 그 물건의 가격을 넘는 경우에 한해 그 물건의 가격으로 보상하도록 하고 있습니다.

즉, 이전비가 취득가격보다 비싸서 이전비 대신 "물건의 가격"을 보상비로 지급했다면, 그 물건의 원래 소유자가 임의로 이전해 가거나 처분한다고 해서 아무런 이의를 제기할 수는 없는 것입니다.

대법원 판례도 이를 지지하고 있습니다.

"사업시행자가 사업시행에 방해가 되는 지장물에 관하여 법 제75조 제1항 단서 제2호에 따라 이전에 소요되는 실제 비용에 못 미치는 물건의 가격으로 보상한 경우, 사업시행자가 물건을 취득하는 제3호와 달리 수용 절차를 거치지 아니한 이상 사업시행자가 보상만으로 물건의 소유권까지 취득한다고 보기는 어렵[다]."
– 대법원 2012. 4. 13, 선고 2010다94960

따라서 사업시행자가 공익 사업에 직접 사용할 목적으로 건축물 등을 취득하거나, 협의에 의한 보상계약 체결이 되지 않아 수용재결 처분이 있는 경우에는 사업시행자가 그 물건의 소유권을 취득한 것으로 보지만, 그렇지 않은 경우는 보상계약 체결을 하고 보상완료가 되었다고 하더라도 소유자 임의대로 그 물건을 처분할 수 있습니다.

공익사업에 건물이 일부만 편입된 경우에도 마찬가지 논리가 적용됩니다.

"건물 일부 보상비용과 보수비(벽 면적 수리비용+재설계 및 재시공 필요 시 그 비용)를 합한 금액이 그 건물의 전체 금액보다 더 커서 건물 전체 금액으로 보상이 된 경우, 건물 소유자가 자신의 비용으로 보수하여 잔여 건축물을 계속 사용할 수 있습니다.
[국토교통부 유권해석, 2015. 10. 19, 토지정책과–7562]

감정평가에 이의를
제기하지 말아야 할 사례들

🔍 같은 도로변의 토지로 고평가된 경우

감정평가사들은 같은 도로변의 토지라면 최대한 비슷하게 평가하려는 경향이 있는 것 같습니다. 그러다 보니 실상과 맞지 않게 고평가하는 경우가 있습니다. 예를 들어보겠습니다.

비교표준지의 주위 환경

출처 : 네이버 지도 로드뷰

이 도로를 보십시오. 이 도로는 지하철역 대로변에서 안쪽 주택가로 이어지는, 폭 약 8m의 도로입니다. 바로 정면에 보이는 오렌지 약국 부지 바로 뒤의 상업용 건물의 부지는 비교표준지입니다(평가 대상 토지는 아닙니다). 주변 유동인구가 꽤 많아 보입니다. 이 도로는 안쪽 주택가로 갈수록 약간 경사져 있습니다. 약 100m를 올라가면 상권이 끝나는 부근에서 평가 대상 토지가 나옵니다.

대상 토지의 주위 환경

출처 : 네이버 지도 로드뷰

정면으로 보이는 주택 부지가 평가 대상 토지입니다. 앞서 본 표준지와 동일한 도로변에 접하기는 합니다. 하지만 상권이 끝나고 도로가 좁아지며 주택가가 시작되는 위치에 있습니다. 게다가 약간 경사지이고, 해당 도로변에는 옹벽이 접해 있습니다. 여러분께서는 앞서 보신 표준지와 비교했을 때, 가치의 격차율이 어느 정도 된다고 보시나요? 값을 잘 쳐준다고 해도 20~30% 정도는 열세하다고 보이시지 않나요?

하지만 기존 감정평가에서는 대상 토지를 다음과 같이 비교표준지와 비교해 평가했습니다.

고평가된 대상 토지

토지 가격 산출근거																1/1
일련 번호	소재지	지번	지목		비교표준지		시점 수정	지역 요인	개 별 요 인						그 밖의 요인	산정단가 (원/㎡)	결정단가 (원/㎡)
			공부	현황	기호	공시지가 (원/㎡)			가로	접근	환경	획지	행정	기타	누계			
23	구 동		대	대	B	3,200,000	1.11372	1.00	0.97	0.96	1.00	0.99	1.00	1.00	0.922	1.35	4,435,991	4,436,000

출처 : 해당 감정평가서

대상 토지는 비교표준지에 비해 겨우 약 8% 열세하다고 본 것입니다. 결과적으로 상당한 고평가가 이루어진 것입니다. 그러나 토지소유자는 이러한 보상평가 결과에도 계속 이의를 제기했고, 결국 행정소송까지 제기했습니다. 왜 그랬을까요? 아마도 이의를 제기하면 관행적으로 조금씩 가격을 올려주었기 때문일 것입니다. 조금씩 가격을 올려주기는 싫어도 소유자가 반발하면 또 해명해야 하는 것이 귀찮았을 것입니다.

하지만 행정소송 담당 감정평가사였던 저는 결코 이러한 케이스를 잘 봐줄 수가 없었습니다. 결론적으로 이의재결 대비 다소 낮은 가격으로 평가하게 되었습니다. 소유자 측은 행정소송 결과 오히려 가격이 전보다 낮게 나오니 저에게 항의했습니다. 하지만 저는 평가 근거가 확실했으므로 상대가 되지 않았고, 결국 소유자 측은 행정소송을 취하했습니다.

이처럼 같은 도로변에 위치했다는 사실만으로 상당한 고평가가 된 경우, 이의제기를 하는 것은 적절하지 않다고 생각합니다. 그냥 조용히 넘어가시는 것이 당사자에게도 좋고, 국가 경제에도 도움이 되는 것입니다.

🔍 대로변인데도 가치가 높지 않은 토지

도로점용허가가 나지 않는 토지

앞서 감정평가사들이 같은 도로에 접하는 것을 매우 중요시하는 경향이 있다는 말씀을 드렸습니다. 물론 도로에 접하는지의 여부는 토지 가치에 중대한 영향을 미칩니다. 그러나 모든 도로가 의미가 있는 것은 아닙니다. 고속도로에 접했다고 해서 좋은 토지는 아니니까요. 토지이용 즉 건축을 하기 위해서는 '건축법'상의 도로에 접해야 합니다. 그러나 차가 씽씽 달리는 도로에 접했다면 어떨까요? '도로법' 제52조와 동법 시행령 제49조에서는 도로점용허가에 관해 규정하고 있습니다. 특정 도로에서는 '도로와 다른 시설의 연결허가(도로점용허가)'를 받아야 건축이 가능합니다. 즉, 고속국도 또는 자동차전용도로, 일반국도, 지방도, 4차로 이상으로 도로구역이 결정된 도로에 해당한다면 그러합니다.

다음 경매 물건을 가지고 공부를 해보겠습니다. 다음의 7-14번지입니다. 4차선 대로변에 접해 있는데, 출입을 하기 위해서는 도로점용허가가 필요한 상황입니다.

출처 : 네이버 부동산 경매

이 땅은 도로점용허가를 받을 수 있을까요?

'도로와 다른 시설의 연결에 관한 규칙' 제6조에서 정한, 도로 연결허가가 금지되는 사례들을 살펴보겠습니다.

① 급격한 곡선구간인데 볼록한 부분을 지나자마자 진출입로를 설치한다면 어떻게 될까요? 자동차를 타고 가면서 시야가 확보되지 않을 것입니다. 따라서 '곡선 반지름 280m(2차로의 경우 140m) 미만인 곡선구간 중 일정 부분'은 도로점용허가가 불가능합니다.

② 급격한 경사가 있는 구간에서 고개를 넘자마자 진입해야 할 시설이 있다면 어떨까요? 이 역시 미리 시야 확보를 하기가 어려우므로 허가가 불가능합니다.

③ 차가 씽씽 달릴 수 있게 만든, 지역 간 이동을 위한 넓은 도로인데, '교차로' 부근에 스타벅스DT를 만든다면 어떻게 될까요? 예를 들어 코너 부분에 대형 음식점 설치를 허용하게 되면 음식점으로 들어가려는 차들이 꽤 많을 것입니다. 결과적으로 계속 진행하려는 차들과 뒤엉키게 됩니다. 이는 원활한 차량 흐름에 방해가 되므로 도로점용허가를 해주지 않습니다(무엇을 '교차로'로 볼 것인지, 교차로에도 설치 가능한 시설은 무엇이 있는지는 해당 규정을 찾아보세요).

④ 터널이나 지하 차도를 지나치자마자 진입해야 할 시설이 있다면 이 역시 시야 확보가 미리 되지 않으므로 연결허가가 불가능합니다.

⑤ 차가 씽씽 달리는 도로변에 대형 시설물을 설치하려면 '변속차로(가감속차로)' 설치가 필요합니다. 즉, 우선 대상 시설로 진입하기 위해서 서서히 속도를 늦출 수 있는 차로(감속차로)를 일정 구간 만들어주어야 합니다. 또한 반대로 대상 시설에서 대로로 진입하면서 속도를 높일 수 있는 차로(가속차로)도 일정 구간 만들어주어야 합니다. 그런데 교량 등의 시설물로 인해 가감속차로를 설치할 수 없는 경우가 있습니다. 이런 구간에서는 도로점용허가가 나지 않습니다.

⑥ 버스 정차대, 측도 등 주민편의시설이 설치되어 있는 경우 도로연결허가(점용허가)가 불가능합니다. 다만, 옮겨 설치하는 것이 가능하면 허가가 가능할 수도 있습니다. 그렇지만 옮겨 설치할 수 없거나 옮겨 설치하면 주민 통행에 위험이 발생될 우려가 있는 경우 도로연결허가가 불가능합니다.

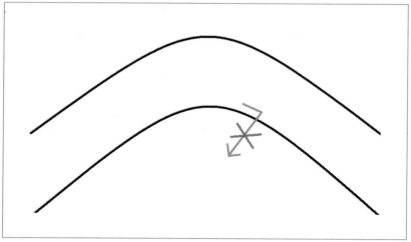

급격한 곡선구간에서는 차량이 진입할 수 없다

출처 : 저자 제공

이렇듯 대로변에 접했다고 하더라도 도로에서 대상 토지로 진입이 가능한지 면밀하게 검토해보아야 합니다.

경매 대상 토지의 경우는 어떨까요? 대상 토지는 다음 지도에서 'GS셀프주유소'의 서측에 인접해 위치하고 있습니다. 도로 직선구간이 아닌, 곡선구간의 끝부분에 위치해 있죠. 그리고 도로 곡선구간의 안쪽 부분에 있기 때문에, 회전반경이 짧으면 진입허가를 받지 못할 수도 있을 것입니다. 하지만 대략 회전반경을 재어보았더니 280m가 넘으므로 이 점은 해당사항이 없어 보였습니다.

대상 토지가 속한 구간은 급격한 곡선구간은 아니다

출처 : 네이버 지도

    또한 대상 도로는 기울기가 심한 도로도 아니고, 터널이나 지하차도를 지나자마자 있는 토지도 아니었습니다. 그리고 교량이나 버스정차대 등이 문제가 되는 토지도 아니었습니다. 그런데 지도에서 대상 도로변에 CU편의점이 보이시나요? 그곳은 삼거리로서 '교차로'에 해당합니다. CU편의점을 끼고 들어가는 도로가 2차로 이상이며, 차도 폭이 6m 이상 되는 도로이기 때문입니다. 이 교차로에서부터 대상 토지까지의 거리도 약 140~150m 정도입니다.

    그러면 교차로 영향권으로서 진입허가에 문제가 될 수 있을까요? 도로점용 정보마당(https://calspia.go.kr/road/)에서 찾아보면, 교차로 영향권의 최소길이도 나와 있습니다.

교차로 영향권의 최소길이

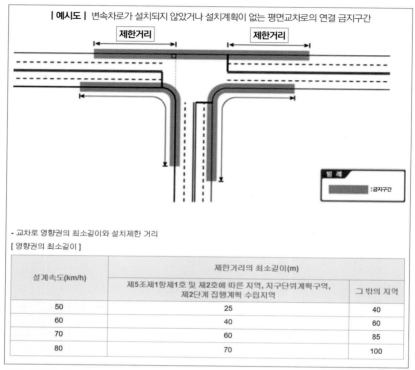

| **예시도** | 변속차로가 설치되지 않았거나 설치계획이 없는 평면교차로의 연결 금지구간

- 교차로 영향권의 최소길이와 설치제한 거리

[영향권의 최소길이]

설계속도(km/h)	제한거리의 최소길이(m)	
	제5조제1항제1호 및 제2호에 따른 지역, 지구단위계획구역, 제2단계 집행계획 수립지역	그 밖의 지역
50	25	40
60	40	60
70	60	85
80	70	100

출처 : 도로점용 정보마당

　대상 도로는 제한속도 70km/h인 도로이므로, 앞 자료에 따르면 제한거리의 최소길이는 60m 또는 85m가 됩니다. 따라서 대상 토지는 '교차로 영향권'에 해당하지 않습니다. 이것으로 대상 토지에 진출입을 제한할 근거는 없습니다. 하지만 '교차로 영향권'이 아니더라도 대상 토지에 연결허가를 불허할 소지가 있어 보였습니다.

출처 : 네이버 지도

이 지도를 다시 보시죠. CU편의점이 있는 교차로에서 서측으로 조금만 가면, 식당을 끼고 있는 또 다른 교차로(붉은 동그라미)가 보입니다. 그리고 그 교차로에서 시작해 변속차로(가속차로)가 보입니다. 대상 토지는 그 가속차로가 끝나는 지점에서 약 50m 거리에 위치해 있습니다. 그런데 가속차로가 끝난 지점부터 일정 거리(제한거리)까지는 도로연결을 불허합니다. 몇 m까지일까요?

교차로 부근에서의 가감속차로 설치제한

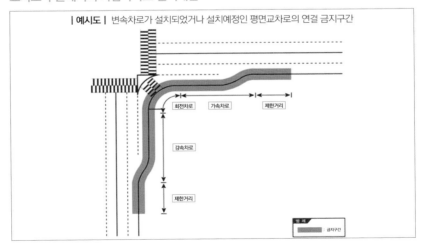

[설치제한거리]

구분	지구단위계획구역,제2단계 집행계획 수립지역	그 밖의 지역
제한거리의 최소길이(m)	10	20
구분	4차로 이상	2차로
제한거리의 최소길이(m)	60m	45m

출처 : 도로점용 정보마당

대상 도로는 4차로 이상의 도로이므로, 이 자료에 의하면 변속차로가 끝나는 지점부터 60m까지는 도로연결을 불허합니다. 그러나! 바로 옆 땅(주유소)은 도로점용허가를 받아서 주유소로 이용을 하고 있다는 것을 알 수 있습니다. 말하자면, 가속차로가 끝나는 지점부터 감속차로가 다시 만들어져서 주유소로 연결되고 있다는 말입니다. 아마 가속차선 끝부분부터 주유소 부지까지는 딱 60m 정도 되니까 허가를 내준 모양입니다.

도로점용허가를 받은 대상 토지 동측의 주유소

출처 : 네이버 지도

그러니까, 이미 옆 땅 주인이 도로점용허가를 받아 주유소를 건축한 것입니다. 그렇다면 이 땅에 출입을 하기 위해서는 옆 땅 주인의 승낙을 받아야 하는 것일까요? 예전에는 그러했지만, 2014년 7월 15일 도로법이 개정 시행된 이후로는 제도가 바뀌었습니다. 이런 경우 이웃 토지 소유자의 승낙이 필요하다면 이웃 토지 소유자의 '갑질'이 일어날 것입니다. 공공물인 도로를 점유하면서도 먼저 점용허가를 받았다는 이유로 다른 국민에게 갑질을 해서는 안 되겠지요. 따라서 2014년 7월 15일에 '도로법' 53조가 다음과 같이 개정 시행되었습니다.

> **제53조(진출입로 등의 사용 등)**
> ① 연결허가를 받은 시설 중 도로와 연결되는 시설이 다른 도로나 통로 등 일반인의 통행에 이용하는 시설(이하 "진출입로"라 한다)인 경우 해당 연결허가를 받은 자는 일반인의 통행을 제한하여서는 아니 된다.
> ② 연결허가를 받은 자가 아닌 자가 새로운 연결허가를 받기 위하여 필요한 경우에는 다른 자가 먼저 연결허가를 받은 진출입로를 공동으로 사용할 수 있다. 이 경우 먼저 연결허가를 받은 자는 진출입로의 공동사용 동의 등 새로운 연결허가를 받으려는 자가 연결허가를 받는 데 필요한 협력을 하여야 한다.
> ③ 제2항에 따라 먼저 연결허가를 받은 자는 새로운 연결허가를 받기 위하여 진출입로를 공동 사용하려는 자에게 공동사용 부분에 대한 비용의 분담을 요구할 수 있다.
> ④ 제3항에 따른 비용의 분담 금액은 진출입로의 사용면적을 기준으로 결정하되 구체적인 분담 금액의 결정 방법은 국토교통부령으로 정한다. 다만, 공동사용 부분에 대한 비용의 분담에 대해 다른 법령에서 달리 정하고 있는 경우에는 그에 따른다.
> ⑤ 제2항에 따라 새로운 연결허가를 받으려는 자는 먼저 연결허가를 받은 자가 정당한 이유 없이 진출입로의 공동사용에 협력하지 아니하는 경우 제4항에 따라 산정한 비용을 공탁(供託)하고 도로관리청에 연결허가를 신청할 수 있다. 이 경우 연결허가 신청을 받은 도로관리청은 공탁이 적정한지 여부를 검토하고 새로운 연결허가를 할 수 있다(개정 2020. 6. 9).

관청에 최종적으로 확인해봐야 하겠지만, 도로연결허가를 받을 수 있을 가능성도 있다는 것이 제 생각입니다. 행정청에서는 가속차로의 끝부분에서 60m가 되지 않는다는 이유로 허가를 내주지 않을 가능성도 있습니다. 그러나 주유소로 진입하는 차량은 어차피 속도를 늦추고 있는 차량일 것이므로, 이 점을 감안한다면 허가를 내줄 수도 있을 것입니다.

유튜브 '굿프렌드경매학원'의 영상에서도 이 물건에 대해 다룬 바 있습니다. 해당 영상에서는 주유소 주인의 승낙 없이는 도로점용허가가 불가능하다고 단정지었지만, 제 생각은 앞에서 이야기한 것처럼 좀 다릅니다.

물론 예전 낙찰자도 이 물건을 낙찰받은 이후 도로점용허가가 나지 않아 입찰보증금 1억 7,000만 원을 포기한 사례가 있었습니다. 하지만 담당 행정청에서 '도로법'이 앞과 같이 바뀌었다는 것을 간과하고 도로점용허가 거부 처분을 내린 것일 수도 있지 않을까요? 좀 더 검토해봐야 할 문제라고 생각됩니다. 또한 참고로, 도로점용허가를 받아서 토지에 출입이 가능하다고 하더라도 이 물건의 한계는 있습니다.

대상 토지 상세 지적도

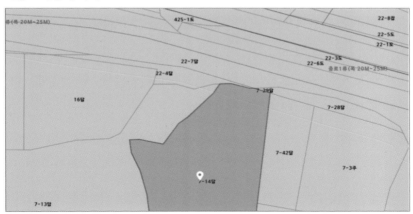

출처 : 토지이음

　자세히 보면, 대상 토지를 가로막고 있는 22-4번지 때문에, 대상 토지의 입구가 좁아져버렸습니다(그렇더라도 진입 폭이 약 5m 정도 되기는 합니다). 상업용으로서 원활하게 이용을 하려면 폭 3m 정도는 더 확보해야 할 것으로 보입니다. 아마 22-4번지 소유자와의 협의가 필요하겠죠.

　또한 대상 토지는 약간 곡선 구간의 도로변에 있습니다. 그러므로 장래에 만약 서측의 16번지에 창고 같은 건물이 들어선다면 시야가 막힐 가능성이 있다는 것도 염두에 두어야 합니다. 물론, 현재는 달리는 자동차 입장에서 보면 시선을 가로막는 것이 없습니다.

　지금까지 경매 사례를 통해 도로점용허가와 관련된 문제들을 살펴보았습니다. 도로점용허가가 가능한지 검토하는 것은 그리 간단한 문제가 아닙니다. 이렇듯 대로변에 접한 토지로 바로 옆에 건축물이 있다고 하더라도 도로점용허가가 나지 않을 수 있습니다(도로점용허가가 없이도 신고만으로 건축할 수 있는 소형 건축물 등은 건축이 가능하기는 합니다).

　대상 토지에도 도로점용허가가 가능할지의 여부는 불확실합니다. 그런데 해당 경매 감정평가에서는 의견서에 별다른 언급이 없이, 단순히 대로변에 접한 토지로 보고 높게 평가했습니다. 감정평가사들은 앞과 같은 토지에 대해 깊은 고민 없이 대로변에 접한 우수한 토지로 평가하는 경우가 많습니다. 따라서 이렇게 고평가된 경우는 이의를 제기하지 않고 조용히 넘어가는 것이 좋을 것입니다.

수변구역

대상 토지의 주위 환경

출처 : 네이버지도

　사진을 보면 국도변에 멀쩡한 건물을 지어 놓았지만 여기에서는 카페를 할 수가 없습니다. 건물 외관은 나름 예쁘게 꾸며놨습니다만, 아직 사용승인된 건물은 아니고, 토지만 매각입니다. 건물은 앞쪽에서 볼 때 창문이 거의 없는 게 특이합니다. 창문은 뒤쪽에 다 있습니다. 창문이 남쪽으로 나 있어서 빛은 잘 들 것으로 보입니다. 멀리서 볼 때 가시성도 괜찮습니다.

수변구역에 위치한 토지

출처 : 네이버 부동산 경매

대상 토지의 토지이용계획

소재지	경기도	221-7번지		
지목	대 ❓		면적	330 ㎡
개별공시지가(㎡당)	710,000원 (2022/01) 연도별보기			
지역지구등 지정여부	「국토의 계획 및 이용에 관한 법률」에 따른 지역·지구등	계획관리지역(계획관리지역) , 중로1류(폭 20m~25m)(광역 중로 1-5)(저촉)		
	다른 법령 등에 따른 지역·지구등	가축사육제한구역(전부제한구역)<가축분뇨의 관리 및 이용에 관한 법률>, 접도구역(국도6호선)<도로법>, 배출시설설치제한지역<물환경보전법>, 자연보전권역<수도권정비계획법>, 공장설립승인지역(2016·12·09)(수도법 시행령제14조의3제1호)<수도법>, [한강]폐기물매립시설 설치제한지역<한강수계 상수원수질개선 및 주민지원 등에 관한 법률>, [한강]수변구역<한강수계 상수원수질개선 및 주민지원 등에 관한 법률>, 수질보전특별대책지역(1권역)<환경정책기본법>		

출처 : 토지이음

    얼핏 생각하면, 국도변에 위치해 있고, 바로 옆에 해장국집이 있으니까, 일반음식점이나 휴게음식점(카페)을 하면 좋겠다는 생각이 들지 모릅니다. 하지만 이런 건물을 준공을 하지 못하고 놔둔 데는 이유가 있을 것입니다. 토지이용계획을 확인해보니, '수변구역'이라는 제한이 눈에 띕니다. 여기에 그 이유가 숨어 있습니다. 관련 법률을 살펴보겠습니다.

'한강수계 상수원수질개선 및 주민지원 등에 관한 법률'

제5조(수변구역에서의 행위제한 등) ① 누구든지 수변구역에서는 다음 각 호의 어느 하나에 해당하는 시설을 새로 설치(용도변경을 포함한다. 이하 이 조에서 같다)**하여서는 아니 된다.**

1. '물환경보전법' 제2조제10호에 따른 폐수배출시설
2. '가축분뇨의 관리 및 이용에 관한 법률' 제2조제3호에 따른 배출시설
3. 다음 각 목의 어느 하나에 해당하는 업(業)을 영위하는 시설
   가. '식품위생법' 제36조제1항제3호에 따른 식품접객업
   　나. '공중위생관리법' 제2조 제1항 제2호 및 제3호에 따른 숙박업·목욕장업
   　다. '관광진흥법' 제3조 제1항 제2호에 따른 관광숙박업
4. '건축법' 제2조 제2항 제1호에 따른 단독주택(다가구주택에 한정한다) 및 같은 항 제2호에 따른 공동주택
5. '건축법' 제2조 제2항 제6호에 따른 종교시설
6. 다음 각 목의 어느 하나에 해당하는 시설
   　가. '노인복지법' 제32조 제1항 제1호에 따른 양로시설로서 환경부령으로 정하는 입소정원 이상인 시설
   　나. '노인복지법' 제32조 제1항 제3호에 따른 노인복지주택
   　다. '노인복지법' 제34조 제1항 제1호에 따른 노인요양시설 중 환경부령으로 정하는 입소정원 이상인 시설
7. '청소년활동 진흥법' 제10조 제1호에 따른 청소년수련시설
8. '산업집적활성화 및 공장설립에 관한 법률' 제2조 제1호에 따른 공장(농산물 가공업 등 대통령령으로 정하는 제조업을 하는 공장 중 '물환경보전법' 제2조 제8호의 특정수질유해물질을 사용하지 아니하거나 발생시키지 아니하는 시설로서 환경부령으로 정하는 일정 규모 이하의 시설은 제외한다)

다음을 보시다시피 안 되는 것이 여러 가지 있지만, 수변구역에서는 특히 식품접객업이 안 됩니다. 식품접객업이란 무엇일까요? 다음에서 알 수 있듯, 카페, 일반음식점 등을 말합니다. 편의점이나 슈퍼마켓은 제외됩니다.

'식품위생법 시행령' 제21조 제8호

8. 식품접객업

가. 휴게음식점영업 : 주로 다류(茶類), 아이스크림류 등을 조리·판매하거나 패스트푸드점, 분식점 형태의 영업 등 음식류를 조리·판매하는 영업으로서 음주행위가 허용되지 아니하는 영업. 다만, 편의점, 슈퍼마켓, 휴게소, 그 밖에 음식류를 판매하는 장소(만화가게 및 '게임산업진흥에 관한 법률' 제2조 제7호에 따른 인터넷컴퓨터게임시설제공업을 하는 영업소 등 음식류를 부수적으로 판매하는 장소를 포함한다)에서 컵라면, 일회용 다류 또는 그 밖의 음식류에 물을 부어 주는 경우는 제외한다.

나. 일반음식점영업 : 음식류를 조리·판매하는 영업으로서 식사와 함께 부수적으로 음주행위가 허용되는 영업

다. 단란주점영업 : 주로 주류를 조리·판매하는 영업으로서 손님이 노래를 부르는 행위가 허용되는 영업

라. 유흥주점영업 : 주로 주류를 조리·판매하는 영업으로서 유흥종사자를 두거나 유흥시설을 설치할 수 있고 손님이 노래를 부르거나 춤을 추는 행위가 허용되는 영업

마. 위탁급식영업 : 집단급식소를 설치·운영하는 자와의 계약에 따라 그 집단급식소에서 음식류를 조리하여 제공하는 영업

바. 제과점영업 : 주로 빵, 떡, 과자 등을 제조·판매하는 영업으로서 음주행위가 허용되지 아니하는 영업

그렇다면 바로 옆 땅도 수변구역에 해당할 텐데, 어떻게 일반음식점 영업을 하고 있는 것일까요? '한강수계 상수원수질개선 및 주민지원 등에 관한 법률'은 1999년 8월 9일부터 시행되었고, 바로 옆 땅의 건물은 그 이전에 지어졌기 때문입니다.

문서확인번호								(2쪽 중 제2쪽)
고유번호		정부24접수번호		명칭		호수/가구수/세대수		0호/0가구/0세대
대지위치	경기도	지번	221-4	도로명주소	경기도			

구분	성명 또는 명칭	면허(등록)번호		※주차장				승강기		허가일	1995.6.7.
건축주			구분	옥내	옥외	인근	면제	승용 대	비상용 대	착공일	1997.3.21.
설계자								※하수처리시설		사용승인일	1998.12.29.
공사감리자			자주식	대 ㎡	대 ㎡	대 ㎡		형식		관련 주소	
공사시공자 (현장관리인)			기계식	대 ㎡	대 ㎡	대 ㎡		용량	오수정화조 인용	지번	

※제로에너지건축물 인증		※건축물 에너지효율등급 인증		※에너지성능지표 (EPI) 점수		※녹색건축 인증		※지능형건축물 인증			
등급		등급		점		등급		등급			
에너지자립률	%	1차에너지 소요량 (또는 에너지절감률)	kWh/㎡(%)	※에너지소비총량	kWh/㎡	인증점수	점	인증점수	점		도로명
유효기간: . . ~ . .		유효기간: . . ~ . .		유효기간: . . ~ . .		유효기간: . . ~ . .					
내진설계 적용 여부	내진능력		특수구조 건축물	특수구조 건축물 유형							
지하수위 G.L m		기초형식		설계지내력(지내력기초인 경우) 1/㎡		구조설계 해석법					

출처 : 해당 건물의 건축물대장

　결론적으로, 이 경매 물건은 낙찰받아도 지상 건물을 어디에 써야 할지 참 애매하게 되었습니다. 1층은 편의점을 해도 되겠지만, 2층 이상은 무얼 하면 좋을지 애매하네요. 아마 1층 편의점 고객을 위한 휴게장소 정도로 쓰면 되지 않을까 싶습니다. 이 물건에서 배울 수 있는 또 한 가지가 있습니다. 규제가 되는 법 시행 이전에 건축된 건물이 있는 토지는 더 값이 비쌀 수 있다는 것입니다. 개발제한구역에서 건물이 있는 토지와 그렇지 않은 토지 간에 차이가 있는 것과 비슷한 논리입니다. 다만, 수변구역에 일반음식점으로서 1999년 8월 9일 이전부터 영업을 했더라도 다음과 같이 부칙 제3조에 의해 약간의 규제는 추가되었다는 점은 기억해야 합니다.

> **'한강수계 상수원수질개선 및 주민지원 등에 관한 법률' 부칙(법률 제5932호, 1999. 2. 8)**
>
> **제3조(수변구역안의 기존 건축물에 대한 경과조치)** 이 법 시행당시 제4조제1항제1호의 규정에 의한 수변구역안에서 제5조제1항제3호에 해당하는 업을 하고 있는 자(부칙 제2조의 규정에 의하여 허가를 받은 것으로 보는 자를 포함한다)(식품접객업, 숙박업, 목욕장업, 관광숙박업) 및 하수종말처리시설을 운영하고 있는 자는 2002년 1월 1일부터는 오수를 생물화학적 산소요구량 1리터당 10밀리그램 이하로 처리하여 방류하여야 한다.

이렇듯, 수변구역의 토지는 대로변에 있더라도 용도가 많이 제한되어 생각만큼 가치가 높지 않을 수 있습니다. 하지만 감정평가에서는 이러한 사항을 간과하고 '대로변에 접했고 바로 옆에 음식점도하고 있다'는 이유만으로 고평가할 수 있습니다. 이런 경우 이의를 제기하지 않고 조용히 평가결과에 합의를 하는 것이 좋을 것입니다.

물리적으로 건축허가가 어려운 임야

임야가 좋은 도로에 접해 있다고 해도, 다 개발 가능한 것은 아닙니다. 사례를 통해 살펴보겠습니다.

물리적으로 건축이 어려운 임야 사례

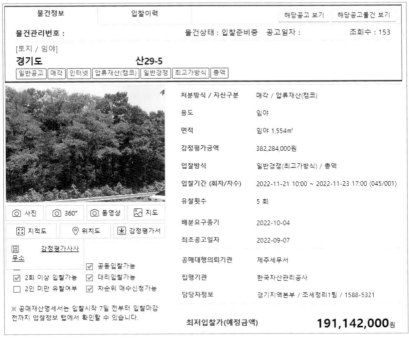

출처 : 온비드

공매 물건인데 5회 유찰되어 감정가의 반값으로 떨어진 상태입니다. 다 이유가 있겠지요? 먼저 토지이용계획과 지적도를 살펴보겠습니다.

대상 토지의 토지이용계획

소재지	경기도		산 29-5번지	
지목	임야 ❓		면적	1,554 m²
개별공시지가(m²당)	59,200원 (2022/01) 연도별보기			
지역지구등 지정여부	「국토의 계획 및 이용에 관한 법률」에 따른 지역·지구등	자연녹지지역 , 소로1류(폭 10m~12m)(2017-08-28)(접합)		
	다른 법령 등에 따른 지역·지구등	가축사육제한구역(전부제한)<가축분뇨의 관리 및 이용에 관한 법률>, 성장관리권역<수도권정비계획법>		
「토지이용규제 기본법 시행령」 제9조 제4항 각 호에 해당되는 사항				
확인도면			범례 ☐ 토석채취제한지역 ☐ 임업용산지 ■ 자연녹지지역 ■ 생산관리지역 ■ 농림지역 ☐ 대로1류(폭 35m~40m) ☐ 소로1류(폭 10m~12m) ☐ 하천구역 ☐ 지방2급하천 ☐ 법정동 ☐ 도로구역		
	☐ 작은글씨확대 축척 1 / 1200 ∨ 변경 도면크게보기			

출처 : 토지이음

자연녹지지역이고, 소로에 접하므로 개발이 가능한 토지로 보입니다. A택지지구에서도 멀지 않아 위치도 나쁘지 않았습니다. 이제 로드뷰로 한번 보겠습니다(임야인데 겨울 사진이어야 보기가 좋으니 2020년 12월 기준 사진으로 보겠습니다).

대상 토지의 전경

출처 : 네이버 지도

나무는 그리 빽빽하지 않습니다. 경사도는 얼마나 될까요?

대상 토지의 길이

출처 : 네이버 지도

토지의 길이를 재니 약 80m입니다. 구글어스에서 높이를 재보니 토지의 하단부는 고도가 약 19m, 상단부는 약 60m로서 높이는 약 40m입니다. 길이 대 높이가 2:1이니, 탄젠트 값은 0.5입니다. 삼각함 수표에서 이를 찾아봅니다.

삼각함수표에서 유추한 경사도

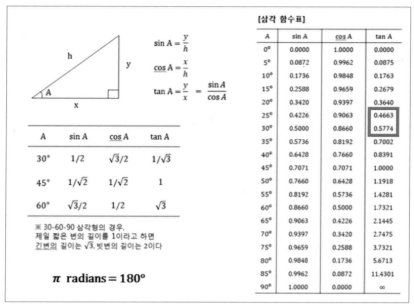

출처 : 인터넷 커뮤니티

　그렇다면 경사도는 약 25도에서 30도 사이가 되는 셈입니다. 해당 지방자치단체의 도시계획 조례를 찾아보니, 원칙적으로 경사도 15도 미만인 토지만 개발행위 허가가 가능합니다. 따라서 대상 토지는 개발행위 허가가 원칙적으로 어렵다고 보아야 할 것입니다. 아무리 2차선 도로변에 접해 있어도 그렇습니다. 이러한 사항은 둘째치고라도, 대상 토지 앞에 가드레일(방호울타리)이 설치되어 있다면 개발행위 허가를 받을 때 그 관리청과 협의해야 합니다(다음의 도로법 시행령 조문 참조).

그리고 국토교통부 예규 '도로안전시설 설치 및 관리지침' 제3편 2. 2. 1-가-2)에 의하면, 비탈면 및 비탈 기슭에 바위 등이 돌출되어 있는 도로에서 특히 필요하다고 인정되는 구간에 방호울타리(가드레일)를 설치하도록 하고 있습니다.

역으로 말하면, 저 물건지와 같은 지형에서 가드레일이 설치되어 있다는 것은 산에서 바위 등이 떨어져 내릴 위험성이 있다는 것을 의미합니다. 즉, 경사도는 둘째 치고, 위 규정만 보아도, 토지 개발을 하기 위해 가드레일을 이전시키도록 협의하는 일은 쉬운 일이 아닐 것이라는 생각이 듭니다.

만약 어렵게 어렵게 개발허가를 받았다고 쳐도, 대상 토지는 모양이 좁고 길어서, 단독개발을 하는 경우 경사면 3면에 옹벽을 세워야 하는데, 그렇게 하면 실질적으로 사용 가능한 토지의 폭은 상당히 좁을 것으로 예상됩니다. 대상 토지를 잘 써먹으려면, 옆의 큰 땅(산 29-1)과 함께 개발해야 할 것입니다.

대상 토지에 인접한 대형 토지

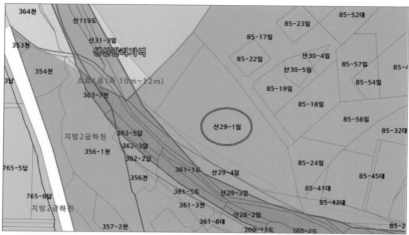

출처 : 토지이음

　이 밖에도, 산지전용허가기준에 대해 공부하시려면 산지관리법 시행령 별표4, 산지관리법 시행규칙 별표1의3 등을 살펴보시기 바랍니다.

　우리가 좋아하는 임야는 다음 사진과 같은 임야입니다. 경사도가 거의 없고, 도로에도 접해 있습니다. 감정평가서에서 사용한 거래사례입니다.

개발하기 좋은 임야의 예시

출처 : 네이버 지도

이 공매 사례의 감정평가서에서는 대상 토지가 실질적으로는 개발 행위가 어렵다는 사항을 반영하지 못했습니다. 경사도가 거의 없는 앞과 같은 임야를 거래사례로 삼으면서 대상 토지를 앞의 임야보다 약간 우세한 것으로 판단했습니다. 경사도에서는 열세하나 접한 도로가 우수하다는 이유로 말이죠. 보상에서 이렇게 고평가를 받으면 당연히 이의를 제기할 이유가 없습니다. 조용히 협의에 응하시면 됩니다.

🔍 도로에 접해 있으나 상하수도 인입이 어려운 토지

역시 사례를 통해 살펴보겠습니다. 다음 도면 가운데 보이는, 사각형의 토지(3388번지)는 하천에 인접한 토지입니다. 이 토지는 건축허가가 날 수 있을까요?

하천에 인접한 토지

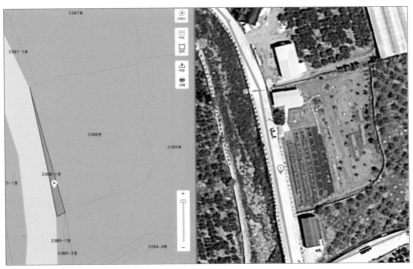

출처 : 토지이음

현황을 보면 폭 약 4m 이상 도로에 접해 있습니다. 도로와의 단차가 약간 있어 보이지만 이 정도는 경사로를 만들면 되니까 별문제가 되지 않습니다.

대상 토지의 전경

출처 : 네이버 지도

그런데 지적도에 보면 이 토지 서측에 있는 3388-1번지가 지목이 '하천'입니다. 3388번지와 현황도로의 사이에 끼어 있네요. 그러면 3388번지는 도로에 접하지 않는다고 할 수 있을까요? 3388-1번지

대상 토지의 소유자

		3388-1)	SEE:REAL지도	실거래가			

토지정보　　　　　　　　　　　　　　　　　　　　　　　토지(임야)대장 열람

지목 ?	면적(㎡)	고저 ?	형상 ?	방위 ?	도로조건 ?	토지이동(변동)사유
하천	81	·	·	·	·	지목변경

* 토지정보의 대지연식과 간축물대장의 대지연식은 다를 수 있습니다.

소유 및 가격　　　　　　　　　　　　　　　　　　　　　공시지가확인　인터넷등기

소유구분	소유권변동일자	소유권변동원인	공유인수	공시지가(원)	공시지가 기준일자
시,도유지	2011-09-28	소유권이전	0	56,600	2015-01

출처 : 씨리얼

가 왜 분할되었는지, 이 토지에 얽힌 스토리를 찾아볼 필요가 있습니다. 우선, 토지대장(또는 씨리얼 화면) 등에서 3388-1번지의 소유자를 확인하니 시·도유지로 되어 있었습니다.

3388-1의 지목이 '하천'인 것을 볼 때, 아마도 3388번지의 일부 즉 3388-1은 이 하천 정비사업에 편입된 것 같습니다(하천의 범람을 막기 위해서, 행정청에서는 제방을 만드는 하천 정비사업을 시행하기도 합니다. 이때 사유지의 일부에 대해서 보상금을 지급하고 강제취득해 제방을 만들기도 하죠). 그렇다면 하천정비사업이 시행되기 전에 원래 3388번지는 어떤 모습이었을까요? 과거의 항공사진을 봐야 합니다.

대상 토지의 2011년 당시 항공사진

출처 : 국토정보플랫폼

국토정보플랫폼(www.ngii.go.kr)에서 2011년 당시 항공사진을 조회해보았습니다. 3388번지 서측으로 여전히 진입로가 있었다는 것을 알 수 있습니다. 그 이후 2020년의 항공사진을 보면, 하천정비 사업을 하면서 도로가 북측으로 연결되면서 확장되고 3388번지 서측의 도로 폭도 확장되었습니다.

대상 토지의 2020년 당시 항공사진

출처 : 국토정보플랫폼

따라서 3388-1은 하천을 따라 '제방도로'를 만들기 위해 3388번지 일부를 분할해 취득한 것이라고 할 수 있겠습니다. 그리고 실제로 하천정비사업 공사를 하면서 계획도면 그대로 도로를 만들지는 않고 약간 오차가 있을 수 있습니다. 그렇다면 3388-1번지의 지목이 하천이기는 하지만 현황은 도로라는 것을 짐작할 수 있습니다.

3388번지 소유자 입장에서 생각해보아도 그렇습니다. 2011년에는 원래 자기 땅에 통행할 수 있는 도로가 있었는데, 일부를 '하천'으로 만들어버린다면 맹지가 되어버리죠. 자기 땅을 맹지로 만드는 것에 동의해줄 소유자는 없을 것입니다. 따라서 3388-1번지는 하천이 아니라 하천구역 내의 도로부지이며, 3388번지는 자동차의 진입이 가능한 토지라고 할 수 있겠습니다.

그렇다면, 3388번지는 현황 도로에 접하고 있으니 건축허가가 가능할까요? 엄밀히 말해 3388번지 앞을 지나고 있는 것은 아직 '건축법'에서 인정하고 있는 도로가 아닙니다. 3388번지 앞을 지나고 있는 것은 물길의 안정을 위한 '제방' 겸 도로입니다. 즉 '하천법'상의 '하천시설'에 해당합니다. 이것을 '건축법'에서 인정하는 도로로 인정을 받으려면 어떻게 해야 할까요? '건축법' 제45조 제1항 제2호에 나와 있습니다. 즉, 주민이 오랫동안 통행로로 이용하고 있는 사실상의 통로로서 조례로 정하는 것인 경우, 건축위원회의 심의를 거쳐 '건축법'상의 도로로 지정할 수 있습니다.

이렇게 해서 '건축법'상의 도로로 지정받을 수 있다고 하더라도, 또 생각해보아야 할 문제가 있습니다. 물을 끌어올 수 있는지, 그리고 배수로가 있는지 살펴보아야 합니다. 먼저 배수로와 관련해서 생각해보겠습니다. 3388번지 앞으로 하수도관이 지나간다면 좋겠지만, 하수도관이 지나가지 않는다면 어떨까요? 대규모 개발은 어렵겠지만, 소규모 주택이나 근린생활시설 등 일정한 경우는 개발이 가능합니다. 즉, 개인오수처리시설로 오수를 처리한 후 바로 앞의 하천으로 방류할 수 있을 것으로 생각됩니다.

다음으로, 이제 중요한 문제는 물을 끌어올 수 있는지 하는 것입니다. 물을 끌어올 수 있으려면 지하수 개발을 하거나, 매설된 상수도관에 연결하는 것이 필요합니다. 대상 토지가 만약 제주도에 있는 토지라면 지하수 개발 가능성은 거의 없다고 보아야 합니다. '제주특별자치도 지하수 관리 조례'에 의해 지하수 개발 허가를 상당히 엄격하게 하고 있기 때문입니다.

제주도 이외의 경우, 지하수 개발을 위해서는 '지하수법' 제7조에 의한 지하수 개발허가를 받아야 합니다. 지하수 관정은 소공의 경우 200만원대, 중공은 500만 원대, 대공의 경우 500만 원에서 시작해 수천만 원이 나올수 있다고 합니다. 깊이 팔수록 수질이 좋을 확률이 높으며 어떤 공사와 자재, 기법을 채택하느냐에 따라 비용은 달라진다고 합니다.

상수도 인입의 경우, 인입거리 1m당 40~50만 원 정도를 생각해야 합니다. 100m만 해도 4,000~5,000만 원이니 상당한 비용입니다. 해당 시군구 상수도 관련 부서와 상담해 최적의 방법을 결정해야 할 것입니다.

그런데 문제는! 하천시설(제방도로)의 경우 하천 관리를 위한 시설이므로 상수도관이 깔려 있지 않고, 시설의 붕괴 위험 등이 있어 새로 상수도관을 묻기 위해 굴착을 하는 것도 금지되는 경우가 많습니다(실제로 담당 지방자치단체 하천관리과와 상수도과에 문의하니 굴착이 불가능한 것으로 조사되었습니다). 결과적으로 대상 토지에는 상수도 인입이 불가능한 경우가 발생합니다. 이 경우 지하수 개발마저 안 된다면 대상 토지는 물을 끌어 올 수 없는 토지가 되어버려 사실상 건축이 불가능해집니다. 해당 지방자치단체의 도시계획 조례에 따라, 물을 쓰는 것과 관계가 없는 창고 등만 건축이 가능할 수 있습니다(제주도의 경우가 그렇습니다).

결론적으로, 3388번지는 현황 도로에 접하기는 하지만 건축이 가능하다고 자신할 수 없습니다. 건축허가에 불리한 요소들이 많이 내포되어 있습니다. 수도시설을 설치할 수 없을 경우 창고 건축만 가능하다고 볼 수 있을 것입니다. 이처럼 겉보기에만 도로에 접했다고 해서 건축이 가능한 토지라고 할 수 없습니다. 특히 하천변에 있는 이러한 토지가 그렇습니다. 대개 멀쩡한 도로 밑에는 상수관과 하수관이 지나가므로 이러한 점을 간과하기 쉬울 것입니다. 그러나 주변에 건축물이 없는 외진 곳에 있는 도로나 하천변의 경우 상수도와 배수로 설치 여부를 반드시 검토해 감정평가를 해야 한다고 봅니다.

감정평가사들은 상수도관과 배수로가 지나가는지의 여부를 잘 체크하지 않는 경우가 적지 않습니다. 따라서 상수도와 배수로가 설치되지 않았는데, 사실상의 도로가 접했다는 이유로 보상에서 괜찮게 평가를 받았다면, 아주 잘 받은 것입니다. 당연히 이런 경우는 이의제기를 할 이유가 없습니다. 조용히 보상협의에 응하시면 될 것입니다.

사감정서를 고객의 입맛에 맞게 '높은 금액으로 발행해준다고 해도, 중
요한 것은 담당 감정평가사가 그 의견을 받아들일지의 여부입니다. 사
감정을 실시했는데, 다소 억지스러운 사례를 갖다 붙여서 그럴듯한 가
격을 만들어내는 경우, 담당 감정평가사가 그 의견을 받아들일 가능
성은 적습니다.

예를 들어보겠습니다. 필자가 소송감정을 수행하고 있었는데, 한 사감
정서를 참고자료로 받게 되었습니다. 사감정서에서는 대상 토지를 높
게 평가하기 위해 토지 거래사례가 아닌, 인근 아파트의 거래가격을
원용했습니다. 게다가, 원용하는 방법도 논리상 맞지가 않았습니다. 아
파트의 거래사례에서 토지 가치를 추출해내는 배분법을 사용할 때, 토
지·건물배분비율을 사용하지 않았던 것입니다. 사감정에서는 거래가
격에서 원가법에 의한 건물 가치를 공제해 토지 가치를 구한 후 이를
토지 평가에 그대로 사용했습니다. 가령, 건물면적이 $100m^2$이고 대지
권 면적이 $50m^2$인 아파트 거래가격이 10억 원이라고 해보겠습니다. 이
중 토지 가치를 추출해내려면 어떻게 해야 할까요? 구분건물의 가치는
토지 부분과 건물 부분이 일체가 되어 가치를 창출해냅니다. 용적률이
낮고, 구축 건물일수록 토지가 기여하는 가치 비율이 높습니다. 실무상
공동주택의 토지·건물배분비율은 '공동주택의 구분평가시 토지·건물
배분비율에 관한 연구' 자료를 인용하는 것이 보통입니다. 그 배분비율
표를 고려해서 검토한 결과, 토지 가치 비율이 75%라고 본다면, 아파

트의 토지 가치는 얼마일까요? 750,000,000원/50㎡=15,000,000원/㎡이 되는 셈입니다. 그러나 사감정서에서는 거래사례 가격에서 구축 아파트의 건물가격, 예컨대 1,000,000원/㎡(×100㎡=1억 원)만을 공제했습니다. 그래서 토지 가치를 900,000,000원/50㎡=18,000,000원/㎡으로 계산한 것입니다.

이처럼 논리상 맞지도 않는 사감정서를 제출한다면, 담당 감정평가사가 이를 받아줄 가능성은 희박한 것입니다. 결국 사감정도 사감정 나름입니다. "이러저러한 식으로 판단하면 안 된다는 것을 지적하고, 여차저차하니 이 부동산의 가치는 이 정도로 보는 것이 합리적이다"라고 기술하는, 팩트에 기반한 사감정을 해야 할 것입니다.

내 부동산의 가치를 무작정 높게 평가해주는 감정평가사를 조심하십시오. 득이 되지 않을 것입니다. 사감정을 받는 목적은, 단지 부당한 평가를 막기 위한 것이라는 것을 기억해야 합니다. 정상적 가치보다 높게 받으려는 욕심 때문이 아니어야 합니다.

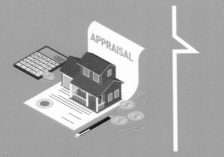

3장

감정평가 이후의
대응 방안

01 제도적 대응 방안

🔍 들어가며 전문가를 너무 믿지 마세요

최대한 감정평가에 잘 대비해서 평가를 받았지만, 이제 감정평가 이후도 문제입니다. 이의를 제기한다면 어떻게 할 수 있을까요? 행정사나 변호사들에게 의지하면 될까요? 천만의 말씀입니다. 흔히 전문가들은 우리가 아는 만큼 안다고 할 수 있습니다. 바꿔 말하면, 우리가 모르면 그들도 잘 모르는 경우가 많습니다. 우리가 부동산의 가치를 제대로 알고, 조금만 공부해서 문서 작성만 할 줄 안다면 그들에게 꼭 의지할 필요가 없습니다. 문서를 대신 써주고 제출해주는 그들에게 비싼 수임료를 지불할 필요도 없습니다. 그래서 이번 장에서는 나 홀로 감정평가에 대해 이의신청을 하는 방법들을 간략히 살펴볼 것입니다.

그리고 현실적으로, 보상이나 재개발·재건축 평가 이후, 대체 사업장이나 주택을 취득해야 한다면 무엇을 염두에 두어야 할까요? 이 경우에도 역시 부동산 시장의 미래에 대해 공부하셔야 합니다. 사회, 그리고 부동산 시장의 미래를 전망하는 책을 10권 정도 참고해 본다면 전문가가 될 수 있습니다. 저 역시 꾸준한 독서를 통해 어느 정도의 식견을 가지게 되었다고 생각합니다. 그래서 감정평가 이후 현실적인 대처 방안에 대해 제가 몇 가지 소개하고자 합니다. 물론 우리 앞에 펼쳐질 길은 다양합니다. '이런 방법도 있구나' 하는 정도로 봐주신다면 좋을 것입니다. 좋은 의견 있으시면 저에게도 나누어주신다면 감사하겠습니다.

Q 보상평가

내 보상평가액이 합리적으로 평가되었는지 확인하는 방법

사업시행자에게 내 보상평가액의 산출근거를 보내달라고 요청해야 합니다. 그러면 사업시행자는 그 근거를 담당 감정평가사에게 요청할 것이고, 그 근거를 받아서 제시해줄 것입니다(토지의 경우 '토지가격 산출근거'만이 아니라 평가의견서도 달라고 요청해야 합니다).

지장물의 경우 별다른 근거 자료는 없을 것입니다. 지장물이 이전비로 평가된 경우에는 필요 차량 몇 대, 필요 인부 몇 명, 이런 식으로 제시될 것입니다. 취득비로 평가된 경우에는 재조달원가에 감가수정을 한 가격으로 제시될 것입니다. 그 적정성을 스스로 판단해

보면 됩니다.

토지의 경우 '토지 가격 산출근거'를 제시받게 될 것입니다. 의견서를 검토해, 비교대상 표준지는 무엇이고, 표준지와의 개별적 요인의 비교가 적정한지 보면 됩니다. 그리고 표준지와 시세와의 차이를 보정하는 그 밖의 요인 비교가 적정한지도 살펴보면 됩니다. 잘 모를 경우에는 제출받은 자료를 가지고 다른 감정평가사에게 검토를 요청해보시기를 바랍니다. 감정평가사에 따라서는 상담비용을 요구하는 경우도 있지만, 난해한 물건이 아니라면 대개는 음료수 한 잔 정도 선물하면 무료로 상담을 받으실 수 있을 것입니다.

1차 감정평가 결과는 수정 가능하다

'공익사업을 위한 토지 등의 취득 및 보상에 관한 법률 시행규칙' 제17조 제1항은 다음과 같이 규정하고 있습니다.

> 사업시행자는… 제출된 보상평가서를 검토한 결과 그 평가가 관계법령에 위반하여 평가되었거나… 부당하게 평가되었다고 인정하는 경우에는 당해 감정평가법인 등에게 그 사유를 명시하여 다시 평가할 것을 요구하여야 한다.

그러므로 부당하게 평가되었다고 여겨질 때는 즉시 사업시행자에게 적절한 조치를 요구해야 합니다. 사업시행자가 규정을 모르고 있는 경우도 간혹 있으니 위의 규정을 주지하고 있는지도 확인해야 할 것입니다. 또는 사업시행자가 한국부동산원에 평가검토를 의뢰하는 경우도 있는데, 이 경우에도 부당하게 평가된 것이 확실하다고 생각된다면 그 근거를 문서로 제시해주어야 할 것입니다. 그러면 한국부동산원에서는 담당 감정평가사로 하여금 해당 감정평가서를 수정하도록 요구할 것이고, 적절히 수정이 가능할 것입니다.

사업시행자가 토지 이용 상황을 불리하게 판단할 때

1부에서 언급했듯이, 1차 협의 보상평가에서는 토지의 현실적 이용 상황의 판단 권한이 사업시행자에게 있습니다. 가령, 1장에서 언급했던 한 토지를 다시 생각해보겠습니다. 현재 대로변의 고물상 부지(잡종지)로 사용되고 있지만 지목이 임야인, 개발제한구역 내의 토지가 있었습니다. 1971년 개발제한구역이 지정되기 이전의, 1966년 당시 항공사진을 보니 대상 토지는 산림이 아니었다고 해보겠습니다. 예컨대 '전'으로 사용하고 있었다고 가정해보겠습니다. 다른 추가적인 증거들이 나오지 않는다면 이용 상황을 '전' 또는 현재 이용 상황인 '잡종지'로 판단해야 맞는 것입니다. 현재 이용 상황으로 판단하지 않기 위해서는 그것을 주장하는 측에 입증 책임이 있기 때문입니다. 만약 사업시행자가 1962년 산림법(최초의 '산지관리법')이 시행될 당시에는 이용 상황이 산림이었다는 것을 증명할 수 있다면 어떨까요? 대상 토지가 불법으로 형질이 변경된 토지라는 것을 증명하는 셈입니다. 그렇다면 이용 상황을 '임야'로 보는 것이 합당할 것입니다. 하지만 1962년 이전의 자료가 전혀 없다면, 이용 상황을 '전' 또는 '잡종지'로 판단해야 맞다는 것입니다.

그러나 사업시행자 입장에서는, 최대한 이용 상황을 토지 소유자 측에 유리하게 판단하지 않으려고 합니다. 전문성이 부족한 공무원 입장에서는, 이용 상황 판단에 논란이 있는 경우, 가능한 한 보수적인 판단을 하는 거죠. 만에 하나라도, 이용 상황을 토지 소유자 측에 유리하게 판단했다가 나중에 그것이 뒤집어지면 자기가 책임져야 하니까요. 이해할 수 없는 것도 아닙니다.

이러한 사정 때문에, 이용 상황 판단에 논란의 소지가 있는 경우 사업시행자는 가능한 한 이용 상황을 보수적으로 결정합니다. 그리고 이의가 있으면 토지수용위원회에 이의신청을 하라고 하죠. 보다 전문성이 있는 토지수용위원회에 판단을 넘기는 것입니다.

그러므로 이용 상황 판단에 논란의 소지가 있는 경우, 적극적인 주장은 필요하지만, 사업시행자가 빡빡하게 나온다면 뾰족한 수는 없습니다. 이의신청을 해서 토지수용위원회에 재결을 요청하는 수밖에 없습니다. 다음에서는 재결을 포함한 법적 권리구제 방안에 대해 알아보겠습니다.

법적 권리구제 제도

1차 보상협의는 그 성질이 일반 매매계약과 비슷합니다. 바꿔 말하면 사업시행자는 감정평가액을 기준으로 토지 소유자에게 매도 요청을 하는 것입니다. 때에 따라서는 1차 보상협의에 응하는 경우 택지를 저렴하게 구입할 수 있는 기회를 주는 등 당근을 제시하기도 합니다. 아무튼 그 요청은 강제력이 없습니다. 토지 소유자는 이를 받아들여 협의에 응할 수도 있고, 그렇지 않을 수도 있습니다. 그러니 1차 협의보상평가에 대해서는 행정소송을 제기할 수 없는 것입니다.

그런데 협의가 성립하지 않아 수용재결로 넘어가면 조금 달라집니다. 수용재결은 강제력이 있는 행정적 처분입니다. 수용재결 감정평가액을 기초로, 사업시행자는 그 가액만큼 공탁을 하고 토지 소유자의 소유권을 강제로 취득할 수 있습니다.

대한민국에서는 행정청의 처분에 대해서 상급기관에 이의를 신청할 수 있는 '행정심판'이라는 제도를 마련하고 있습니다. 그래서 '수용재결'이라는 강제적 행정 처분에 대해서도 상급기관인 중앙토지수용위원회에 '이의재결'을 제기할 수 있습니다. 또한 행정청의 처분인 수용재결에 대해서 법원의 법적 판단을 받아볼 수도 있습니다. 이의재결을 거친 후 행정소송을 제기할 수도 있고, 그렇지 않고 곧바로 수용재결에 대해서 제기할 수도 있습니다.

수용재결, 이의재결, 행정소송의 진행 방법

당연한 이야기이지만, 상급기관에 의견을 서면으로 잘 작성해 제출해야 받아들여질 가능성이 높아집니다. 따라서 자신을 잘 대변해줄 수 있는 변호사 또는 행정사를 선임해 수용재결, 이의재결, 행정소송을 진행하는 것도 한 가지 방법입니다. 변호사는 모든 절차를 대행할 수 있으며, 행정사는 수용재결과 이의재결을 대행할 수 있습니다. 하지만 수수료가 문제입니다. 대개 변호사나 행정사는 증액된 보상금의 10~15%를 성공보수로 요구합니다. 때에 따라서는 상당히 큰 금액이 될 수 있습니다.

하지만 조금만 공부하면 충분히 혼자서도 권리구제 절차를 이행할 수 있다고 생각합니다. 이 책에서 말씀드린, 감정평가 잘 받는 방법과 이의를 제기할 만한 사례들을 공부하고, 의문이 있으면 감정평가사와 상담할 수 있습니다. 또는, 기존 감정평가의 부당함을 잘 지적해낼 수 있는 사감정을 받아 이의신청서에 첨부하는 것도 도움이 될 것입니다.

혼자 수용재결을 진행하는 방법

1차 협의감정평가 이후 사업시행자는 다음 페이지의 예시와 같은 우편을 보내어 보상협의 요청을 해올 것입니다. 협의 기간은 특별한 일이 없으면 30일 이상으로 하도록 되어 있습니다. 협의할 생각이 없을 경우, 이 기간에는 특별히 할 일이 없습니다. 협의 기간이 지나면 자연적으로 협의불성립이 됩니다. 협의가 성립되지 않으면, 사업시행자는 재결을 신청해 강제수용을 진행할 수 있습니다. 또는 당초 평가 이후 1년이 지나고 평가를 다시 실시해 재차 협의를 요청할 수도 있습니다.

하지만 사업시행자는 느긋하게 재결 신청을 하거나, 그냥 사업을 질질 끌면서 보상절차에 나서지 않을 수도 있습니다. 토지 소유자 입장에서는 답답할 수도 있는 것이죠. 그래서 토지 소유자는 사업시행자에게 "빨리 재결 신청해서 보상을 진행해주세요!"라고 요청할

사업시행자의 명칭

수신자
(경유)
제 목 보상에 관한 협의 요청

1. 「공익사업을 위한 토지 등의 취득 및 보상에 관한 법률」 제16조 및 같은 법 시행령 제8조제1항에 따라 ○○○○사업에 편입된 토지 및 물건의 보상에 관하여 협의를 요청하오니 협의기간 내에 협의하여 주시기 바랍니다.

2. 귀하의 토지 중 일부가 공익사업 시행구역에 편입됨에 따라 잔여지를 종래의 목적으로 사용하는 것이 현저히 곤란한 경우에는 「공익사업을 위한 토지 등의 취득 및 보상에 관한 법률 시행령」 제39조에 따라 잔여지를 매수하여 줄 것을 청구할 수 있으며, 사업인정 이후에는 그 사업의 공사완료일까지 관할 토지수용위원회에 수용을 청구할 수 있습니다.

3. 협의가 성립되지 않았을 때에는 「공익사업을 위한 토지 등의 취득 및 보상에 관한 법률」 제30조 및 같은 법 시행령 제14조제1항에 따라 서면으로 사업시행자에게 재결을 신청할 것을 청구할 수 있습니다.

협의 기간	
협의 장소	
협의 방법	
보상하는 시기, 방법 및 절차	
계약체결에 필요한 구비서류	

보상액 명세

일련번호	소재지	지번 (원래 지번)	지목 또는 물건의 종류	구조 및 규격	면적 (원래 면적) 또는 수량	보상액	비고

사 업 시 행 자   인

출처 : 국가법령정보센터

수 있습니다. 즉, '재결 신청의 청구'를 할 수 있습니다. 재결 신청의
청구를 함에 있어 정해진 서식은 없습니다. 다만, 다음의 5가지 사항
이 포함되어야 합니다.

이 5가지 항목 중 4가지는 기본적인 사항이니 어렵지 않게 작성하실 수 있지만, 마지막 '협의가 성립되지 아니한 사유'가 문제시됩니다. 별다른 이슈가 없는 토지라면, 협의가 성립되지 아니한 사유를 단순히 '보상가 저렴'이라고 적어서 제출할 수도 있습니다. 하지만 다음과 같은 경우가 특히 문제가 될 것입니다.

먼저, 토지 이용 상황의 판단에 논란이 있을 때 사업시행자가 이용 상황의 판단을 보수적으로 한 경우입니다. 왜 사업시행자의 판단이 틀렸는지 조목조목 반박하면서, 이 경우 평가액은 얼마 정도가 되어야 한다는 주장이 담겨야 할 것입니다.

다음으로, 감정평가액이 현저히 부당한 경우입니다. 앞에서 살펴보았듯이, 희소성이 높은 토지 등이 부당하게 저평가되는 경우가 있습니다. 이 역시, 기존 감정평가액이 명백히 잘못되었다는 것을 합당한 근거를 들어 반박해야 할 것입니다. 그리고 합리적인 근거들을 제시하면서, 정당한 평가액은 얼마 정도가 되어야 한다는 주장도 담겨야 할 것입니다.

이러한 주장을 설득력 있게 하려면, 이런 방법도 있습니다. 평가전례에 주눅들지 않고 용기 있게 합리적인 근거를 제시할 수 있는 평가를(사감정을) 할 수 있는 감정평가사를 선임하는 것입니다. 그래서 사감정을 받고, 그 사감정서를 첨부해 문서를 제출하는 것입니다. 물론 사감정에는 비용이 발생하지만, 제대로 된 사감정을 받는다면 이를 몇 부 요청해서 추후 수용재결, 이의재결, 행정소송에 모두 사용하실 수 있습니다. 각 절차를 거치면서 변호사나 행정사에게 성공보수를 지급하는 것보다는 훨씬 저렴할 것입니다.

이와 같이, 사업시행자에게 재결 신청의 청구를 하면, 사업시행자는 재결 신청을 위해 '협의경위서(다음 페이지 참조)'를 작성해 토지소유자의 날인을 받아야 합니다.

이 문서는 재결신청을 하기 위해 사업시행자가 작성하는 것이고, 토지 소유자의 날인만 받는 것입니다. 특별히 작성할 내용은 없습니다. 단지 여기에 날인을 해주어야 한다는 것을 알려드리는 것입니다.

이제 수용재결 진행을 기다립니다. 이후 수용재결 담당 감정평가사가 정해지면 그에게 어필할 준비를 하면 됩니다. 대개 현장 조사 시 입회를 하겠다고 하면 의견을 개진할 기회가 주어집니다.

협 의 경 위 서

1. 공익사업의 명칭:

2. 사업시행자의 성명 또는 명칭 및 주소:

3. 협의대상 토지 및 물건

소재지	지번	토지		물건		
		지 목 (현실적인 이용현황)	면 적 (㎡)	종 류	구 조	수 량 (면적)

4. 토지소유자 및 관계인의 성명 또는 명칭 및 주소

　가. 소유자:

　나. 관계인:

5. 협의내용

협의 일시	협의장소 및 방법	토지소유자 및 관계인의 구체적인 주장내용	사업시행자의 의견	비고

6. 토지소유자 및 관계인이 서명 또는 날인을 거부하거나 서명날인을 할 수 없는 경우 그 사유

7. 그 밖에 협의와 관련된 사항

　「공익사업을 위한 토지 등의 취득 및 보상에 관한 법률 시행령」 제8조제5항에 따라 위와 같이 협의경위서를 작성합니다.

　　　　　　　　　　　　　　　　　　　년　　　　　월　　　　　일

　　　　　　　　　　　　　　사업시행자　　　　　　　　　(인)

　　　　　　　　　　　　　　토지소유자　　　　　(서명 또는 인)

　　　　　　　　　　　　　　관 계 인　　　　　　(서명 또는 인)

출처 : 국가법령정보센터

혼자 이의재결을 진행하는 방법

수용재결이 의결되면 이러한 통보가 올 것입니다. 다음 공문에서 볼 수 있듯이, 수용재결에 이의가 있을 경우, 재결서 정본을 받은 날로부터 30일 이내에 이의신청서를 제출해야 합니다. 이때는 다음과

수용재결의 통지

아이 키우기 좋은 도시 서울, "엄마아빠 행복 프로젝트"

서울특별시지방토지수용위원회

서울시 홈페이지
seoul.go.kr

수신   사업시행자, 소유자 및 관계인 귀하
(경유)

제목   재결서 정본 재송부(2023년 제6차 서울특별시 지방토지수용위원회 심리의결)

1. 평소 시정발전에 적극 협조하여 주신데 대하여 깊이 감사드립니다.
2. 서울특별시 지방토지수용위원회에 재결 신청된 **토지등의 수용(사용)에 대하여 2023.6.23. 자로 재결된 재결서의 정본 일자가 2022.6.24.로 오기 작성되어 발송되었기에 붙임과 같이 재결서 정본을 수정하여 재송부하게 되었음을 알려드립니다.**
3. 이번 재결에 대해 이의가 있는 때에는 「공익사업을 위한 토지 등의 취득 및 보상에 관한 법률」 제83조에 따라 재결서 정본을 받은 날로부터 30일 이내에 우리 위원회에 도착하도록 이의신청서를 제출[인터넷(서울부동산정보광장) 접수가능]하시거나, 이의신청과 관계없이 같은 법률 제85조에 따라 재결서 정본을 받은 날로부터 90일 이내에 행정소송을 제기할 수 있으며,
4. 수용재결 된 개별보상금을 청구할 때 「이의를 유보(留保)하고 보상금을 수령함」이라고 기재하면 이의신청 등의 절차를 진행할 수 있음을 알려드리며(이의유보 의사표시 없이 개별보상금을 수령할 경우 사업시행자와 협의에 의한 보상으로 간주되어 이의신청 등이 각하될 수 있음), 아울러 보상금 수령절차 등은 사업시행자에게 문의하시기 바랍니다.
   가. 사 업 명 :   공사
   나. 사업시행자 : 서울특별시   구청장(과 ☎ 02-   )
   다. 재 결 내 용 : 붙임 재결서(서울특별시지방토지수용위원회 명의 이기시행, 개별내역서 포함) 정본과 같음

붙임 재결서 정본 1부. 끝.

서울특별시지방토지수용위원회

출처 : 저자 제공

같이 정해진 서식이 있습니다('공익사업을 위한 토지 등의 취득 및 보상에 관한 법률 시행규칙' 별지 제21호 서식).

이의신청서 서식

이 의 신 청 서

(앞쪽)

접수번호		접수일	

| 신청인 | 성명 또는 명칭 | |
| | 주소 | |

| 상대방 | 성명 또는 명칭 | |
| | 주소 | |

이의신청 대상 토지 및 물건

이의신청의 요지

이의신청의 이유

재결일	재결서 수령일

「공익사업을 위한 토지 등의 취득 및 보상에 관한 법률」 제83조 및 같은 법 시행령 제45조제1항에 따라 토지수용위원회의 재결에 대하여 위와 같이 이의를 신청합니다.

년   월   일

신청인   (서명 또는 인)

중앙토지수용위원회 위원장 귀하

출처 : 국가법령정보센터

이의신청의 요지와 이유를 기재할 수 있는 공간이 부족하다면 '별지참조'라고 기재하고, 자세한 내용을 적은 별지(사감정서를 포함할 수도 있습니다)를 첨부하시면 됩니다. 제출 방법은 내용증명 우편의 방법으로 하시면 될 것입니다.

한편, 이의를 신청하시면서도, 수용재결에서 결정된 보상금액이 있으면 일단 보상금을 수령할 수 있습니다. 구체적 수령 방법은 사업시행자에게 문의할 수 있을 것입니다. 보상금 수령 신청 시에는 "이의를 유보하고 보상금을 수령한다"는 의사를 반드시 문서로 밝혀야 이의재결 또는 행정소송을 계속 진행할 수 있습니다.

혼자 행정소송을 진행하는 방법

보상법 제85조 제1항에 의거, 수용재결에 대해 곧바로 행정소송을 진행하는 경우 재결서 정본을 받은 날부터 90일 이내에 제기할 수 있습니다. 이의재결을 거치는 경우에는 이의신청에 대한 재결서를 받은 날부터 60일 이내에 제기해야 합니다. 소송의 피고는 토지수용위원회가 아니라 사업시행자가 됩니다.

제1심의 관할 법원은 피고(사업시행자)의 소재지를 관할하는 행정법원입니다. 다만 피고가 중앙행정기관 또는 그 장인 경우에는 서울행정법원이 관할합니다('행정소송법' 제9조 제1항). 그리고 토지의 수용에 관계되는 처분 등에 대한 소송은 그 부동산 또는 장소의 소재지를 관할하는 행정법원에도 이를 제기할 수 있습니다(같은 법 제9 제2항). 행정법원이 설치되지 아니한 지역에 있어서는 행정법원이 설치될 때까지 '지방법원의 본원'이 행정법원의 권한에 속하는 사건을 관할하도록 하고 있습니다. 따라서 지방법원 지원은 행정사건 관할권이 없습니다. 다만, 춘천지방법원 강릉지원은 예외입니다. 이제부터 어떻게 진행 가능한지 보겠습니다.

출처 : 전자소송 홈페이지

전자소송 홈페이지에서 회원가입 및 공인인증서 등록을 하신 후, 앞의 화면에서 보이는 것처럼 서류제출 메뉴 > 행정 서류 > '소장'을 클릭합니다. 전자소송 동의를 하면 문서작성을 할 수 있습니다.

소장 작성 화면

출처 : 전자소송 홈페이지

사건명 대분류에서 '토지수용'을 선택하고, 보상금증액을 목적으로 하는 경우 사건명에서 '손실보상금'을 선택합니다. '소가'는 소송의 목적이 되는 금액입니다. 예컨대 재결에서 결정된 금액 대비 1억 원의 증액을 청구하는 경우 1억 원이 됩니다. '소가'에 따라서 인지액(조정 수수료) 납부금액이 달라집니다.

그런데 소송에서 얼마의 보상금이 증액될지 아직은 알 수 없습니다(추후 감정을 진행한 다음 '청구취지변경 신청서'를 제출할 때 확정될 것입니다). 그러므로 일단 소가를 1만 원으로 입력합니다. 이 경우 인지액은 900원입니다. 그리고 제출법원을 선택합니다.

이후 아래로 스크롤하면 청구취지와 청구원인을 입력할 수 있습니다. 직접 작성할 수도 있고, 파일을 첨부할 수도 있습니다. 이때 글자 크기는 12포인트, 줄 간격은 200% 이상으로 하고, 분량도 적정한 범위 내로 제출하는 것이 좋습니다. 그럼 작성 예시를 보여드리겠습니다.

소장

원고 ○○○

경기도 A시 B로 ○○○-○○, ○○○동 ○○○호(C리, D아파트)

(전화 : 031-○○○-○○○○   휴대전화 : 010-****-****

이메일 : ○○○○○○@naver.com)

피고 : 대한민국

법률상 대표자 : 법무부장관 ○○○

소관청(소관청 : 서울지방국토관리청)

소재지 : (우)13809 경기도 과천시 관문로 47(중앙동) 정부과천청사 2동
2, 3층

청구취지

1. 피고는 원고에게 10,000원 및 이에 대해 20××. ××. ××(토지수용위원
회가 재결로써 정한 수용을 시작하는 날, 재결서 정본에 기재되어 있음)부터 이 사
건 소장부본 송달일까지 연 5%, 그다음 날부터 다 갚는 날까지 연 12%의 각
비율로 계산한 돈을 지급하라.

2. 소송비용은 피고가 부담한다.

3. 제1항은 가집행할 수 있다.

라는 판결을 구합니다.

청구원인

1. 당사자의 관계

원고는 경기도 A시 B면 C리 ○○○-○의 토지(이하 '이 사건 토지'라 합니다)
소유자입니다. 또한 해당 토지에서 'ABC'라는 상호로 D업종의 영업(이하 '이
사건 영업'이라 합니다)을 하고 있습니다(갑 제5호증 등기사항전부증명서, 제6호증
사업자등록증).

또한 원고는 경기도 A시 B면 C리 ○○○-○ 각 지상에 이 사건 영업을 위
한 지장물들을 소유하고 있습니다(갑 제1호증 수용재결서 및 갑 제2호증 이의재
결서 각 별지 제2목록).

피고는 'E사업[○○○사업 3공구(3차)]'(이하 '이 사건 사업'이라 합니다)의 시행자입니다(갑 제1호증 수용재결서). 원고는 이 사건 토지가 이 사건 사업에 편입됨에 따라 위 토지 지상에서 이 사건 영업을 계속할 수 없게 되어 영업장소를 이전해야 할 상황에 놓였습니다.

○○지방토지수용위원회는 20××. ×. ×× 이 사건 토지와 영업손실을 포함한 지장물에 관해 수용재결을 하였고, 이에 원고는 피고에게 위 지장물에 대한 손실보상금 청구권을 취득해 수용의 개시일 다음 날인 20××. ×. ×× 부터 지연손해금이 발생하였습니다(갑 제1호증 수용재결서 중 별지 제2목록).

2. 사건의 경위

가. 사업의 인정

피고는 이 사건 사업을 시행하기 위해 '사회기반 시설에 대한 민간투자법' 제15조에 따라 실시계획의 승인을 받고 국토교통부장관이 이를 고시(국토교통부고시 제20××-○○○호, 20××. ××. ××)하였습니다(갑 제1호증 수용재결서).

나. 협의불성립 및 피고의 재결 신청

피고는 이 사건 사업에 편입되는 이 사건 토지 등의 취득에 관하여 원고와 협의하였으나 보상금 저렴 등의 사유로 협의가 성립되지 아니하여 중앙토지수용위원회에 재결을 신청하였습니다(갑 제1호증 수용재결서).

다. 수용재결

이에 ○○지방토지수용위원회는 20××. ×. ×× 이 사건 토지 및 영업손실을 포함한 원고 소유의 지장물에 대해 재결을 하였습니다(갑 제1호증 수용재결서).

라. 원고의 이의신청에 대한 이의재결

그러나 원고는 ○○지방토지수용위원회의 20××. ×. ××자 수용재결에 불복하여 이의를 신청하였고 중앙토지수용위원회는 20××. ×. ×× 이 사건 토지 및 영업손실을 포함한 원고 소유의 지장물에 대해 이의재결을 하였습니다(갑 제2호증 이의재결서).

3. 수용재결 및 이의재결 감정평가의 부당성

이 사건 토지, 그리고 영업손실을 포함한 지장물에 대한 수용재결 및 이의재결에서의 감정평가는 4개월의 휴업기간에 해당하는 영업이익 및 영업이

익감소액, 고정적 비용, 이전비 등을 부당하게 낮게 산정하였으므로 헌법상 '정당보상의 원칙'에 위반된다고 할 것입니다.

이 사건 토지, 그리고 영업손실을 포함한 지장물에 대한 구체적인 감정 의견은 관련 자료를 확보한 이후 제출하도록 하겠습니다.

4. 결론

이 사건 토지, 그리고 영업손실을 포함한 지장물에 대한 수용재결 및 이의재결에서의 감정평가는 부당하므로 정당한 손실보상금에 관하여 귀원이 선정한 소송감정인의 감정평가 결과를 바탕으로 추후 청구취지를 확장하기로 하고 우선 그 금액의 일부를 청구합니다.

입증방법

1. 갑 제1호증 수용재결서(××수용××××)
2. 갑 제2호증 이의재결서(××이중××××)
3. 갑 제3호증의 1 수용재결 감정평가서(××감정평가법인)
4. 갑 제3호증의 2 수용재결 감정평가서(××감정평가법인)
5. 갑 제4호증의 1 이의재결 감정평가서(××감정평가법인)
6. 갑 제4호증의 2 이의재결 감정평가서(××감정평가법인)
7. 갑 제5호증 등기사항전부증명서
8. 갑 제6호증 사업자등록증(ABC)

첨부서류

1. 기타 증거자료

20××. ×. ××

서울행정법원 귀중

원고 ○ ○ ○

이렇게, 자유로이 작성해 접수하면 진행되는 것입니다. 물론 첨부
서류들을 잘 준비해야겠지요(수용위원회에서 보내온 재결서, 사업시행
자에게 요청하거나 정보공개청구를 해서 받은 감정평가서 등의 자료를 파
일로 확보해놓아야 합니다). 이후 사건번호를 부여받고, 감정신청도 진
행하면 됩니다. 사감정을 받아놓은 것이 있다면 변론을 준비하는 '준
비서면'을 제출할 때 첨부할 수 있습니다. 잘 모르면 전자소송 콜센
터나 법률구조공단 등의 도움을 받으면 됩니다. 절차는 물어보면 다
알 수 있습니다. 얼마나 실질적으로 권리를 구제받을 수 있느냐가 관
건이 아니겠습니까.

'감정신청서'는 다음과 같이 작성해 제출할 수 있습니다.

감정신청서

사건 : 20××구단 ××××× 손실보상금

원고 : ○○○

피고 : ×××××××

이 사건에 관해 원고는 다음과 같이 감정을 신청합니다.

감정의 목적

이 사건 수용과 관련해 원고에 대한 적정한 보상금을 정하기 위함입니다.
(감정인 지정과 관련해 이 사건 수용재결 및 이의재결 과정에서의 감정인인 A, B, C, D감정평가법인을 제외해주시기 바랍니다)

감정의 목적물

경기도 A시 B동 ○○○-○ 답 2,370m^2

감정사항

감정목적물의 20××. ×. ××(수용재결일) 기준 정당한 보상평가액

서울행정법원 귀중

원고 ○○○

감정신청서를 제출하면 재판부에서는 담당 감정인에게 예상감정료 송부 요청서를 보내고, 예상감정료가 송부되면 연락이 올 것입니다. 이후 예상감정료를 예납하면 감정이 진행됩니다(실제 감정료를 제하고 남은 금액은 돌려받을 수 있습니다).

수용재결이나 이의재결과는 달리, 행정소송에서는 혼자 한다고 하더라도 소송비용이 듭니다. 인지대, 송달료, 감정료 등입니다. 소송비용은 피고 부담으로 청구할 수도 있으나, 많은 경우 소송비용은 각자 부담하는 것으로 알고 있습니다. 그러니 이와 같은 점들을 고려해 행정소송을 제기할지 여부를 결정해야 할 것입니다.

Q 재개발·재건축 등에서의 감정평가

종전자산평가에서

보상평가의 경우, 정해진 절차에 따라 이의를 제기하면 되지만, 종전자산평가의 경우 이미 평가가 된 이상 고치기는 매우 어렵습니다. 불만족스러운 종전자산평가 결과에 기초한 '관리처분계획'에 대해 행정소송으로 다툴 수밖에 없습니다. 다소 하자가 있는 종전자산평가에 대해 법원은 다음과 같이 보고 있습니다.

주택재개발사업의 관리처분계획을 수립하기 위한 종전자산에 대한 평가는 분양의 기준이 되는 권리가액을 산정하는 데에 주된 목적이 있고, 관리처분계획의 기초가 된 감정평가의 평가방식에 일부 부당한 점이 있다고 하더라도 관리처분계획 수립 당시의 종전자산

평가는 조합원들 사이의 형평을 목적으로 한다는 점에서 그 평가방식의 부당함으로 인해 바로 관리처분계획이 위법하게 되는 것은 아니고, 그 결과 관리처분계획의 내용이 조합원들 사이의 형평성을 잃게 할 정도로 부당하게 된 경우에 한하여 비로소 관리처분계획이 위법하게 된다(서울행정법원 2016. 9. 23. 선고 2015구합53930 판결 등).

　하지만 일부 조합원들의 종전자산평가가 부당하게 이루어져 형평성이 무너진 경우, 행정소송을 제기하면 법원이 다음과 같이 이를 인용해주기도 합니다.

종전자산평가의 부당함을 인정한 판결문

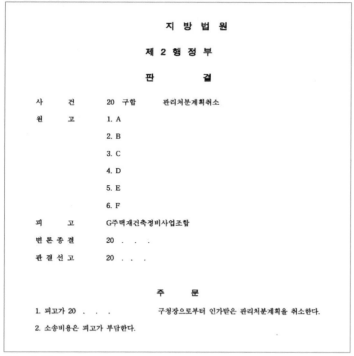

출처 : 대법원

그러므로, 억울하고 분하지만 일단은 관리처분계획인가가 날 때까지 기다리는 수밖에 없습니다. 그동안 종전자산평가가 부당하다는 것을 입증할 방법을 연구하고, 관리처분계획의 일부취소를 구하는 소송을 준비하면 될 것입니다(물론 사감정을 의뢰해 도움을 받으실 수도 있습니다).

현금청산평가에서

재건축이 아닌 재개발사업은 보상법이 규정하는 '공익사업'에 포함됩니다. 그래서 사업시행자에게 강제 수용권이 주어지게 됩니다. '도시 및 주거환경정비법'에서 다음과 같이 규정하기 때문입니다.

> **제65조('공익사업을 위한 토지 등의 취득 및 보상에 관한 법률'의 준용)**
> ① 정비구역에서 정비사업의 시행을 위한 토지 또는 건축물의 소유권과 그 밖의 권리에 대한 수용 또는 사용은 이 법에 규정된 사항(재건축사업의 경우 제64조에서 매도청구에 의한다고 규정하고 있습니다)을 제외하고는 '공익사업을 위한 토지 등의 취득 및 보상에 관한 법률'을 준용한다. 다만, 정비사업의 시행에 따른 손실보상의 기준 및 절차는 대통령령으로 정할 수 있다.

그래서 재개발에서 분양을 받지 않고 현금청산을 받는 분들은 보상에 준해 생각하면 됩니다. 즉, 1차 감정평가 이후 수용재결, 이의재결, 행정소송을 할 수 있게 됩니다(앞의 내용을 참조하실 수 있습니다).

재건축 매도청구소송 평가에서

앞서 재건축 매도청구소송 평가를 대비하는 요령을 알려드렸습니다. 그런데, 미처 대처하지 못한 채 평가가 이루어졌다면 어떨까요? 소송감정의 경우, 재판장의 명에 의해, 감정인이 감정결과를 수정할 수도 있습니다. 따라서 '감정에 대한 의견서', '사실조회서' 등을 작성해 제출할 수 있습니다(물론 이때 사감정서를 사용할 수도 있을 것입니다) 제출한 자료가 주효하다면, 재판부에서는 담당 감정인으로 하여금 감정결과를 수정하도록 요청할 수도 있습니다. 또는 재판부에서 담당 감정인의 감정결과가 미심쩍다 싶으면 재감정 신청을 허용해줄 수도 있습니다. 그럴 경우 재감정을 진행할 수도 있습니다.

환지방식 도시개발사업에서의 감정평가에서

이 평가의 경우도 미리 대비하는 것이 좋지만, 미처 대처하지 못한 채 평가가 이루어졌다면 어떨까요? 보상에서는 권리구제 절차가 마련되어 있지만, 이 경우에도 종전자산평가 결과를 다투듯, 소송으로 다툴 수밖에 없습니다. 부당한 감정평가에 기초한 환지처분이 있게 될 것이므로, 그 처분이 나오고 나서, 그 일부 취소를 행정소송으로 다투어야 합니다. 행정소송을 준비함에 있어서는, 사업시행자로부터 감정평가서를 먼저 제공받고, 그 결과가 부당한 이유를 분석해보아야 합니다(물론 이 경우에도 사감정을 의뢰해 그 감정서를 활용할 수 있습니다).

02 현실적 대응 방안

Q 보상 지역에서

사업자의 경우

만약 어차피 사업이 잘 안 되고 있는 입장이라면, 보상사업에 편입되면 잘된 일일 수도 있습니다. 하지만 멀쩡하게 사업을 잘 영위하고 있는 사람들은 강제수용이 재앙에 가깝습니다. 법에서 정한 손실보상 제도만으로 온전히 구제받지 못하는 경우가 허다하기 때문이죠. 그러니 사업자분들을 위해서, 협의보상(1차 평가) 과정에서 감정평가사들이 보다 세심하게 사업용 토지를 평가해야 한다고 봅니다. 영업보상평가에서도 좀 더 신경을 써줘야 할 필요가 있다고 봅니다.

이를테면 어떤 점포가 강제수용되는 경우, 4개월 이내의 순수익과 이전비 등을 보상받게 됩니다. 하지만 기존에 해놓은 인테리어 시설은 감가상각이 된 상태를 기준으로 평가해 보상됩니다. 멀쩡하게 더 오래 인테리어 시설을 사용할 수 있는데도, 이전을 해 사업하면 결국 자비를 들여 인테리어를 다시 해야 합니다. 사업을 잘해서 많은 수익을 올리고 있다고 하더라도, 무형적 자산인 영업권리금 역시 인정되지 않습니다.

도로 등의 개설로 사업체가 일부만 편입되는 경우는 더욱 문제가 됩니다. 일부가 편입되는 경우 나머지 부지에서는 현실적으로 사업체를 운영하기가 어려운데, 잔여지 손실은 잘 인정되지 않기 때문입니다. 법적 측면에서 보면 공익사업을 위해서, 원칙적으로 토지를 강제수용하는 것이고, 토지 위의 건물은 '지장물'로 봅니다. 따라서 사업체가 일부 수용된다고 하더라도, 나머지 부지에서 제3자가 소규모 영업 등이 가능할 경우, 대개 잔여지 손실이나 잔여지 수용청구는 인정되지 않습니다. 게다가 일부 편입되는 토지 등에 대한 보상마저 충분치 않다면 고통은 가중되겠지요.

이처럼 현행법으로는 사업자에게 만족스러운 보상이 이루어지지 않을 가능성이 높습니다. 법이 바뀌기는 어렵기 때문에, 사업자분들은 현실적인 대책을 강구하지 않으면 안 됩니다. 그럼 어떻게 할 수 있을까요?

보상사업에 들어갈 것이 확실시된다면, 최대한 빨리 새로운 사업장을 구하는 것이 상책이라고 봅니다. 어차피 보상금으로 지급하는 금액이 만족스럽지 않을 가능성이 높습니다. 새로운 마음으로 사업을 한다고 생각해야 할 것입니다. 기존에 소유하고 있는 부동산을 매입하려는 사람이 있을 것입니다. 보상금을 목적으로 투자하는 사람들이라면 관심 있게 볼 수도 있습니다. 만약 도로사업 등으로 사업장의 일부만 편입되는 경우, 나머지 부분만 사용할 수 있는 사람에게 좋은 가격으로 매도하는 것도 좋을 것입니다. 경우에 따라, 나머지 부분은 새로 도로가 뚫리니 토지 가치도 상승할 것이므로 매입하려는 사람이 있을 수 있습니다.

새롭게 취득하는 사업장은 기존 사업을 지속적으로 이어나가기에 적합한 곳이어야 할 것입니다. 쉽게 구하지 못할 수도 있습니다. 사업장을 매도하고 새로운 사업장을 매수하는 것이 어렵다면, 일단 매도는 천천히 하고 새로운 사업장을 임차할 수도 있습니다. 그리고 기존 부동산은 보상받기 전까지 임시로 창고 등으로 임대를 줄 수도 있을 것입니다. 필자는 수도권에 한해, 사업장의 중개업 역시 담당하고 있습니다. 혹 필자에게 연락을 주신다면 최선을 다해, 각 사업장에 맞는 도움을 드리도록 하겠습니다.

어느 지역에, 어떤 주택을 취득할까

10년간 서울의 땅값은 대개 2배 이상 올랐지만, 감정업무를 하다 보니 실제로 10년 동안 땅값이 전혀 오르지 않은 곳도 있었습니다. 서울 한복판에 있기는 하지만, 도로 여건이 매우 열악해서 신축이 어려운 지역이었습니다. 토지이용계획을 보아도, 제1종일반주거지역 및 역사문화환경보존지역으로 지정되어 건물을 높이 지을 수도 없습니다. 옛날에는 이런 곳이라도 사람들이 그럭저럭 만족하며 살았지만, 이제는 시대가 바뀌었습니다. 아무리 지역의 지리적 여건이 좋다 하더라도, 사람들에게 만족을 줄 수 없는 부동산이면 도태되기 마련입니다.

서울 도심인데도 10년 전 땅값 그대로?

출처 : 저자 제공

서울의 경우, 여기저기서 재개발·재건축이 착착 진행 중입니다. 서울의 신축 아파트는 계속 늘어갈 것입니다. 아파트 높이도 전반적으로 높아질 것입니다. 그런데 인구 수는 감소하고 있습니다. 재개발·재건축 사업의 수요도 줄어들겠죠. 그렇게 되면, 미처 재개발·재건축을 진행하지 못한 구역은 빈곤층만 거주하거나 빈집이 생기게 될 것입니다. 재개발·재건축을 진행하기에 더 곤란한 요인들이 생기게 되고, 결국 계속 도태될 가능성이 크다고 생각됩니다. 이제는 서울의 같은 동네에서도 어떤 부동산인가에 따라 그 가치는 양극화될 것으로 보입니다.

그러니 보상을 받아 대체 주택을 취득해야 한다면, 최대한 핵심 지역의 부동산, 좋은 부동산으로 갈아타시기 바랍니다. 꼭 서울만 이야기하는 것이 아니라, 단기간에 대체되기 어려운 부동산을 말하는 것입니다. 전원주택은 재테크 관점에서 추천드리지 않습니다. 부동산 시장의 양극화가 진행될 것이고, 건물의 감가상각도 심하기 때문입니다. 전원주택을 지을 경우에는 카페나 숙박시설 등 사업장을 겸해 생각해보시길 권합니다.

받은 돈을 어떻게 굴릴 것인가

희소성 높은 부동산이나 멀쩡한 사업이 강제수용된 경우는 안 된 일이기는 하지만, 보상금을 받게 된 분들 대부분은 축하할 만한 일이라고 생각합니다. 현금화가 쉽지 않은 부동산을 괜찮은 가격에 팔게 되셨으니까요. 하지만 이제부터가 다시 문제입니다. 현금을 어떻게 할까요? 재테크 방법에는 주식 등 여러 가지가 있지만, 부동산과 관련해 다음의 사항들도 공부하고 실행해볼 만해 몇 가지를 소개합니다. 필자는 공인중개사이기도 하니, 예산에 맞는 좋은 부동산 투자 물건을 추천해달라고 요청하실 수도 있습니다.

상가 재건축 투자

상가 재건축 투자에 있어, 서경파파님의 《수도권 비주택 투자 수업》이라는 책은 참고할 만합니다. 이 책은 비주택(오래된 상가, 모텔 등) 투자에 관한 책인데, 주택 위주의 투자자들에게 새로운 세상을 보여주는 책이라는 생각이 들었습니다.

성수동 같은 준공업지역의 공구상가 또는 노후화된 대규모 아파트들 사이에 있는 노후된 상가들 역시 주변 지역이 재건축되면서 새롭게 변모할 필요성이 있습니다. 재건축된 아파트의 입주자들은 기존 상가의 유흥가가 없어지기를 원하고, 권력자는 그러한 시민들의 필요에 따라 도시계획을 행하는 것을 원합니다. 상가 재건축이 그래서 유망합니다. 상가 재건축에 관한 규정이 개정되면서, 예전에는 구분소유자 100%의 동의가 필요했지만, 이제는 80%의 동의만 있으면 가능해졌습니다. 분명, 노후화된 상가 투자에 주목할 필요가 있습니다.

성수동의 노후화된 공장이 고층 지식산업센터로 탈바꿈하고, 개포동 또는 과천의 상가가 주변 재건축에 발맞추어 고층 상업시설 및 오피스텔로 재건축되었습니다. 이러한 상가를 선점한 사람들은 수익을 거뒀을 것입니다. 디벨로퍼 입장에서는 시간이 돈이므로 시세보다 비싼 값에 토지를 사기 때문입니다.

서울의 개발모델은 수도권으로도 확산 중입니다. 서경파파님은 앞으로 개발될 수도권의 상업지역 또는 준공업지역으로 다음의 지역을 유망지역으로 꼽고 있습니다. 부천의 원종동과 중동, 광명의 하안주공아파트 배후 상업지역, GTX-C정차역이 될 안산의 상록수역, 고양시의 화정지구, 인천 남동공단 등입니다. 추천 지역이 대체로 수도권 서부에 속하는데, 그 이유는 과거에는 대미, 대일 무역이 좋았기 때문에 울산 등이 유망한 도시였지만, 이제는 대중 무역 활성화로 수도권 서부지역의 발전이 더 기대된다는 것입니다. 그렇다고 해서 투자 대상에서 지방을 전부 제외하는 것은 아닙니다. 지방에도 인천 남동공단과 비슷한 공단들이 있고, 이러한 공단에 있는 상가들은 유망한 투자 상품일 수 있습니다.

농지연금

주택연금(역모기지론)이 주택을 담보로 생활비를 지급하는 상품이라면, 농지연금은 농지를 담보로 매월 생활비를 지급하는 금융상품입니다. 그런데 주로 상품성이 좋은 아파트 등을 담보로 하는 주택연금과는 달리 농지연금은 맹지나 못생긴 땅도 담보로 삼을 수 있습니다. 그래서 경매 등으로 잘만 하면 시세보다 싸게 취득해 연금을 받을 수 있다는 것이 큰 장점입니다. 싸게 취득한다는 것은 그만큼 연금 수익률이 높다는 것을 의미합니다.

농지연금에 가입해도 여전히 소유권은 넘어가지 않으므로, 농지를 경작하거나 임대를 주어 부수입도 올릴 수 있습니다. 게다가 농지연금에 가입하면 그 농지는 공시지가 6억 원까지는 재산세도 감면됩니다. 또한 연금을 받다가 그 농지가 상속될 때, 운영기관에서 정산하게 되는데, 이때 연금 수령액보다 토지 매각가격이 더 높으면 상속인에게 차액을 현금으로 돌려주며, 만약 연금 수령액이 토지 매각가격보다 높아도 그 차액을 상속인에게 청구하지 않습니다. 실제 부동산 시장에서는 매각이 어려운 못생긴 땅이나 맹지도 이런 식으로 환가가 가능해지는 것이므로 아주 유용한 제도라고 할 것입니다.

농지연금 상품 중에서는 '일시인출형' 상품도 있습니다. 공시지가의 30% 정도를 일시금으로 수령하고, 나머지 가치에 대해 매월 정해진 금액을 수령하는 상품입니다. 그렇다면, 만약 공시가격이 높게 평가된 농지를 싸게 낙찰받아서 일시인출형 상품에 가입한다면 엄청난 이득이 아닐 수 없습니다.

예를 들어, 맹지 중의 맹지라서 사람들이 거들떠보지도 않는데 면적이 꽤 넓고 공시가격이 고평가된 농지가 있을 수 있습니다. 공시가격이 5억 원이고, 이를 2억 원에 낙찰받고, 일시인출형 상품에 가입한다면 1억 2,200만 원을 인출하고 매월 약 120만 원을 수령하게 됩니

예상 농지연금 조회 화면

구분	종신형 ①		
	종신정액형	전후후박형 (70%)	수시인출형 (30%)
월지급금	1,699,870 (저소득층:1,869,850) (장기영농인:1,784,860)	2,061,980(전) 1,443,380(후)	1,199,610 (수시인출 금:122,000,000)

출처 : 농지은행 통합포털

다. 그러면 인출금으로 다른 곳에 곧바로 재투자를 할 수 있을 뿐 아니라, 약 5년 반 정도 지나면 원금 회수를 할 수 있게 되는 것입니다.

그렇게까지 이득인 농지를 고르지 못한다고 하더라도, 싸게 낙찰받을수록 주택연금 등에 비해 수익률이 높아지는 것은 분명한 사실입니다. 그러므로 토지의 가치를 판별하는 눈을 기른다면 유리하겠죠. 주택연금도 그렇듯이, 농지연금에 가입하는 데도 조건이 있습니다. 만 60세부터 수령할 수 있고, 5년 이상의 영농 경력이 있어야 하며, 2년 이상 소유한 상태여야 합니다. 그리고 주민등록지로부터 직선거리 30Km 이내에 담보농지가 소재해야 합니다. 아직 자격이 안된다면, 농지연금 가입 준비를 위해 어떻게 할 수 있을까요? 만 55세부터, 쉽게 경작할 수 있는 조경수 등을 심어 농업인으로 인정받을 수도 있을 것입니다.

소형 주택 건축사업 또는 투자

앞으로는 1인가구의 증가로 소형 주택이 더욱 대세가 될 것입니다. 전용면적 30~50m^2이면서 1.5룸의 소형 주택은 임대수요가 꾸준할 것입니다. 투룸 이상의 아파트를 사기에는 어렵고 그렇다고 원룸에 살자니 쾌적성이 너무 떨어지는, 1~2인 가구의 수요에 부합하는 상품이기 때문입니다. 차별화된 도심 주택 건축사업(필자의 저서《부동산의 가치를 높이는 방법》에서 더 자세하게 참고하실 수 있습니다) 또는 소형 아파트나 오피스텔 투자도 생각해보시기 바랍니다.

이 책에서는 대부분 보상 또는 재개발·재건축 등 공적 평가에서 어떻게 권리구제를 잘 받을 수 있는지에 관해 살펴봤습니다. 그렇다면 사적 감정평가(예컨대, 절세 목적의 감정평가나 담보 목적의 감정평가가 여기에 해당합니다)는 어떻게 잘 받을 수 있을까요(참고로, 상속세 및 증여세 신고는 조금만 공부하면 대개는 충분히 셀프로 가능합니다. 셀프로 하는 부동산의 상속·증여 절차에 관해서는 '부동산 공부하는 아빠'의 네이버 블로그를 참조하면 도움이 될 것입니다).

우선, 평가를 담당할 감정평가사를 선임해야 합니다. 어떤 기준으로 감정평가사를 선임해야 할까요? 선임 기준은 고객이 정하는 것입니다. 솔직히 말해서, 특수한 부동산이 아닌 이상, 대부분의 부동산은 감정평가사가 보는 눈이 거의 대동소이합니다(물론, 간혹 감정평가사가 아닌 '가격 맞춤사'로서 활동하시는 분들-확실한 근거 없이 의뢰인의 요구에 온갖 거짓 논리를 들어서 가격을 맞춰주는 분들-이 계시지만, 그런 분은 거의 없습니다. 그런 분이 있다고 해도 상대하시면 안 됩니다. 진실은 승리하게 마련이니까요).

추천을 드리자면, 일반적인 물건을 구매할 때처럼, 물건이 소재하는 지역 또는 자신이 익숙한 지역의 감정평가사를 선임하는 것이 좋습니다. 물건 소재 지역에서 가까운 곳에 소재하는 감정평가사라면 아무래도 출장 시간과 노력이 적게 들어가고, 해당 지역에 익숙하므로 대개 물건분석을 더 잘할 수 있습니다. 또한 자신이 익숙한 지역에서 활동하는 감정평가사라면 나중에 A/S를 받거나 상담을 받을 때 유리할 수 있습니다. 네이버 등 포털의 지도에서 '감정평가사'를 검색하면 됩니다. 수수료 할인이 가능한지 여부도 조회해보는 것을 추천합니다. 감정평가의 수수료는 자율화되어 있지 않고, 대개는 감정가격에 따라 정해집니다. 순 수수료 할인적용 또한 해당 감정기관의 재량으로 법정 한도(현재 20%) 내에서 가능합니다. 작은 물건의 경우 수수료 할인이 쉽지 않지만, 큰 물건의 경우 품에 비해 수수료가 적지 않으므로 대개 할인 적용을 해줄 것입니다.

그리고 감정평가사가 직접 상담해주는지 정도를 확인하면 더 좋겠습니다. 그리고 두 군데 정도 문의해서(아파트나 빌라, 단독주택 같은 주변에 거래사례가 많은 물건은 두 군데 정도면 충분할 것입니다. 하지만 어느 정도 특수성이 있는 사업용 토지 등은 세 군데 정도 문의하는 것을 추천드립니다), 예상 감정료와 예상 감정가를 보내달라고 하시면 됩니다(대부분 무료로 해주는 경우가 많습니다). 그래서 그 응대방법, 가격(+결정이유)을 들어본 후에 선택하시면 됩니다.

참고로, 감정평가법인이 발행한 감정평가서라고 해서 감정평가사사무소가 발행한 감정평가서보다 더 공신력이 인정되는 것은 아닙니다. 모든 감정평가서는 같은 법적 효력을 지닙니다. 오히려 감정평가법인이 의뢰인의 요구를 들어주는 데는 더 보수적일 수 있습니다.

그런데 몇몇 블로그를 보면 몇몇 감정평가사들이 자신을 선택해야 한다고 어필하며, 자신들에게 유리한 감정평가사 선정 기준을 써놓고 있습니다. 물론 자기 어필을 하는 것을 뭐라고 할 수 있는 것은 아니지만, 감정평가사 선택 기준에 관해 오해를 불러일으킬 만한 것들이 있습니다. 그 내용을 다뤄보겠습니다.

대형감정평가법인 출신이 평가를 잘한다?

저도 대형감정평가법인에서 일해보았지만, 거기서 일했다고 해서 다 실력이 뛰어나다고 말할 수는 없습니다. 중소법인이나 개인사무소에서 일했다고 하더라도, 자신의 노력 여하에 따라서 얼마든지 대형감정평가법인 출신보다 더 잘할 수 있습니다. 그리고 평가 실력은 경험치가 물론 중요하지만, '의미 있는 경험치'가 더 중요하다고 말씀드리고 싶습니다. 의미 있는 경험치에는 깊은 생각 없이 인근 평가전례와 유사하게 가격을 낸 경험치는 포함되지 않습니다. 그 가격 결론이 왜 나왔는지에 대한 깊이 있는 공부와 고민을 하고, 가격 결정을 한 경우에만 포함됩니다.

공시지가 업무 수행 경력이 있어야 평가를 잘한다?

저도 공시지가 업무 수행 경력이 있지만, 공시지가 업무를 수행하지 않았더라도 다른 감정평가 분야에서 경력이 있으면 얼마든지 평가를 잘 할 수 있습니다. 물론 공시지가 업무를 하다 보면 지역과 지역간, 토지 용도별 가격균형의 '감'이 생기는 것은 맞지만 그것은 담당지역에 국한된 것입니다. 꼭 공시지가 업무 수행 경력이 있어야 평가를 잘하는 것은 아닙니다.

협력 전문가 인력풀이 좋아야 평가를 잘한다?

요즘은 정보의 홍수시대이고, 한 다리 건너면 다 전문가(변호사, 세무사 등)들이라 협력이 필요할 때 자문해줄 수 있는 사람은 주변에 얼마든지 있습니다. 즉, 인터넷 블로그상에 "나는 누구누구랑 친하다. 협력관계다"라고 공개까지는 하지 못해도, 자문을 해줄 수 있는 주변 전문가가 없는 감정평가사는 없다고 생각합니다. 따라서 '공개된 협력 전문가'가 있어야만 평가를 잘하는 것이라고 할 수는 없습니다.

간혹, 내가 가진 부동산은 거래사례가 드문 특수성이 있는 부동산인 경우, 감정평가사들이 진정한 가치를 알아주지 않을 수 있습니다. 예를 들어, 일반 주택지대(3.3㎡당 500만 원 내외)에 인접한, 공법상 제한은 유사한 비교적 대규모의 토지가 있을 수 있습니다. 단순 비교방식으로 본다면, 대규모 토지는 대개 단위면적당 가치가 떨어지므로 3.3㎡당 400만 원으로 평가하려는 경향이 있을 수 있습니다. 그러나 디벨로퍼나 부동산 사업가의 눈을 가진 감정평가사라면, 그 부동산의 진정한 가치를 알아볼 수 있습니다. 대규모 아파트를 지을 수도 있는 토지니까요. 그렇다면 경력이 많고, 토지의 진정한 가치를 알아볼 수 있는, 토지 개발과 관련한 학식 또는 경험이 있는 감정평가사를 선임해 자문 또는 평가를 받아두는 것이 유리할 것입니다.

이와 같은 사항들을 유념해서 내 물건의 가치를 잘 알아주는 담당 감정평가사를 선임하셨다고 해도 100% 안심할 수는 없습니다. 때로는 대상 물건의 디테일한 부분에 대해 어필할 필요가 있을 수 있습니다. 미처 못 보고 지나치는 부분이 있을 수 있기 때문입니다.

※ 사적 감정평가의 권리구제수단

감정평가 타당성조사 제도와 평가검토 제도

〈감정평가 타당성조사 제도〉
관련 법령을 살펴보겠습니다.

> **'감정평가 및 감정평가사에 관한 법률'**
>
> **제8조(감정평가 타당성조사 등) ①** 국토교통부장관은… 감정평가서가 발급된 후 해당 감정평가가 이 법 또는 다른 법률에서 정하는 절차와 방법 등에 따라 타당하게 이루어졌는지를 직권으로 또는 관계 기관 등의 요청에 따라 조사할 수 있다.

> **'감정평가 및 감정평가사에 관한 법률 시행령'**
>
> **제8조(타당성조사의 절차 등) ①** 국토교통부장관은 다음 각 호의 어느 하나에 해당하는 경우 법 제8조 제1항에 따른 타당성조사를 할 수 있다.
> 2. 관계 기관 또는 제3항에 따른 이해관계인이 조사를 요청하는 경우
> ③ 법 제8조 제2항에서 "대통령령으로 정하는 이해관계인"이란 해당 감정평가를 의뢰한 자를 말한다.

법령에 따르면, 감정평가 의뢰인은 국토교통부장관에게 타당성조사를 요청할 수 있습니다. 국토교통부장관은 타당성조사업무를 한국부동산원에 위탁해 실시하고 있습니다. 그래서 타당성조사를 요청하고자 한다면 한국부동산원에 해야 합니다. 한국부동산원에는 '소비자보호처'에 타당성조사부가 있습니다. 여기로 전화해서 타당성조사를 요청할 수 있습니다.

한국부동산원 타당성조사부 연락처

출처 : 한국부동산원 홈페이지

접수를 하면 한국부동산원은 기초자료를 수집하고, 감정평가의 내용을 분석하고, 검토보고서를 작성하고, 검토위원회 자문을 거쳐 결과를 보고하게 됩니다. 하지만 다음과 같은 경우에는 한국부동산원에서 타당성조사를 거절하거나 중지할 수 있습니다(동법 시행령 제8조 제2항).

1. 법원의 판결에 따라 확정된 경우
2. 재판이 계속 중이거나 수사기관에서 수사 중인 경우
3. '공익사업을 위한 토지 등의 취득 및 보상에 관한 법률' 등 관계 법령에 감정평가와 관련하여 권리구제 절차가 규정되어 있는 경우로서 권리구제 절차가 진행 중이거나 권리구제 절차를 이행할 수 있는 경우(권리구제 절차를 이행하여 완료된 경우를 포함한다)
4. 징계처분, 제재처분, 형사처벌 등을 할 수 없어 타당성조사의 실익이 없는 경우

법령에 따르면, 보상평가의 경우 따로 권리구제 절차가 있기 때문에 타당성조사 요청이 어려울 것입니다. 종전자산평가에 대해서도 마찬가

지로, 관리처분계획에 대해 행정소송으로 다툴 수 있으므로 받아들여지지 않을 것이라고 생각됩니다. 하지만 급박한 사정이 있다면 한국부동산원에 한번쯤 문의해볼 필요는 있다고 생각합니다.

〈평가검토 제도〉

법령의 규정은 다음과 같습니다.

'감정평가 및 감정평가사에 관한 법률'

제7조(감정평가서의 심사 등) ③ 감정평가 의뢰인 및 관계 기관 등 대통령령으로 정하는 자는 발급된 감정평가서의 적정성에 대한 검토를 대통령령으로 정하는 기준을 충족하는 감정평가법인 등(해당 감정평가서를 발급한 감정평가법인 등은 제외한다)에게 의뢰할 수 있다.

'감정평가 및 감정평가사에 관한 법률 시행령'

제7조의 2(감정평가서 적정성 검토의뢰인 등) ① 법 제7조 제3항에서 "감정평가 의뢰인 및 관계 기관 등 대통령령으로 정하는 자"란 다음 각 호의 자를 말한다. 다만, '공익사업을 위한 토지 등의 취득 및 보상에 관한 법률' 등 관계 법령에 감정평가와 관련하여 권리구제 절차가 규정되어 있는 경우로서 권리구제 절차가 진행 중이거나 권리구제 절차를 이행할 수 있는 자(권리구제 절차의 이행이 완료된 자를 포함한다)는 제외한다.

1. 감정평가 의뢰인
2. 감정평가 의뢰인이 발급받은 감정평가서를 활용하는 거래나 계약 등의 상대방
3. 감정평가 결과를 고려하여 관계 법령에 따른 인가·허가·등록 등의 여부를 판단하거나 그 밖의 업무를 수행하려는 행정기관

② 법 제7조 제3항에서 "대통령령으로 정하는 기준을 충족하는 감정평가법인 등"이란 소속된 감정평가사(감정평가사인 감정평가법인 등의 대표사원, 대표이사 또는 대표자를 포함한다)가 둘 이상인 감정평가법인 등을 말한다

감정평가 의뢰인 등은 감정평가서의 적정성 검토를 소속 감정평가사가 둘 이상인 감정평가법인 등에 요청할 수 있습니다. 다만 보상평가 등 권리구제 절차가 규정되어 있는 경우는 제외됩니다. 감정평가 적정성 검토 수수료에 관한 규정은 다음과 같습니다.

감정평가서의 사본(전자문서 가능)을 제공해 적정성 검토를 요청하면, 검토기관은 검토결과서(전자문서 가능)를 발급하도록 하고 있습니다.

'감정평가법인 등의 보수에 관한 기준(국토교통부공고 제2022-56호)'

제11조의 2(감정평가서의 적정성 검토에 대한 수수료) 법 제7조 제3항에 따른 감정평가서의 적정성 검토에 대한 수수료는 적정성 검토의 대상이 되는 감정평가의 가액을 기준으로 산정한 수수료의 20% 이하의 범위에서 의뢰인과 협의하여 결정한 금액으로 한다. 다만, 최저 수수료는 200,000원, 최고 수수료는 10,000,000원으로 한다.

내 역적 하겠슴메!

예전에 지방의 A축협이 B감정평가사에게 토지(임야) 담보감정을 의뢰해 대출을 실행했습니다. 대상 물건은 바다 조망이 가능한 임야이긴 한데, 비포장 도로로 한참을 올라가야 해서 개발업자의 수요가 거의 없는 토지였습니다. 하지만 담보감정평가는 바다 조망이 가능하다는 점 등을 지나치게 고려해, 결과적으로 과다 감정되었습니다. 그런데 이후, 대출금 채무 연체로 인해 A축협은 법원 경매를 신청하게 되었습니다. 경매 감정에서는 담보감정가격의 약 반값으로 감정했으며, 이후 한 차례 유찰되어 결과적으로 A축협은 대출금을 회수하지 못할 처지에 놓였습니다.

이에 A축협은 경매를 취소하고 법원에 손해배상청구소송을 제기했습니다. 법원에서는 한국감정평가사협회에 감정인 추천을 의뢰했습니다. 해당 지역에서는 감정평가사들끼리의 '봐주기'가 형성될 것이 우려되었기 때문입니다. 감정평가사들은 대개 이런 사건을 맡기 싫어합니다. 수수료도 얼마 되지 않을 뿐더러 서로 피곤하기 때문입니다. 평가결과가 크게 바뀌면 법원의 사실조회 등에도 답변서를 보내야 하는 등 번거롭습니다. 또한 자기 자신도 실수할지 모르고, 그러니 동업자 정신(?)으로 봐주기를 해야 하나 하는 갈등에 휩싸이게 됩니다. 그래서 협회에서 몇 명의 감정평가사들을 감정인으로 추천했지만 그들은 의뢰를 반려했습니다. 그러다가 저에게까지 추천이 오기에 이릅니다.

저 또한 평가대상 물건지도 멀리 있고, 수수료도 크지 않으며, 골치 아픈 건이 분명해 평가를 반려하고도 싶었습니다. 하지만, 사실 이런 일도 감정평가사가 해야 할 일이 아닐까요? 그래서 이번 건에 있어서는 지방 모 법원의 감정인이 되었습니다.

저는 당시 자료를 면밀히 분석해, 기존 감정결과의 약 35%에 불과한 정도로 감정결과를 내놓게 되었습니다. 그래서 1심에서는 원고 A축협이 승소했습니다. 그런데! 항소심에서는 B감정평가사가 자기 지역의 C, D감정평가사에게 사감정을 의뢰해(그 감정결과는 B보다 약간 낮기는 하나 B와 현저히 다르지는 않았습니다) 이것을 고등법원에 제출한 것 같았습니다. '삼인성호(三人成虎, 세 사람만 우기면 없는 호랑이도 만든다)'라는 말이 있죠. 그리고 고등법원에서 채택한 E감정인도 C, D와 비슷한 결과를 내놓는 바람에 A축협은 패소하게 되었습니다(이 사실은 나중에 알게 되었습니다. 진작 저를 불러주셨으면 좋았을 것을…).

A축협은 대법원에 상고했으나, 대법원은 법률심만을 하고 사실심은 하지 않기 때문에 실질적 심사도 받지 못하고 기각되어 버렸습니다. A축협도 물론 과실이 없다고는 할 수 없겠지만, 결국 B감정평가사의 잘못된 감정에 대한 책임을 뒤집어쓰게 된 꼴이 되었습니다. 이러한 항소심 결과를 나중에 알고 저는 의분을 느끼지 않을 수 없었습니다. A축협으로서는 매우 억울했을 것입니다.

이후, A축협에서는 또 다른 F감정평가사의 또다른 토지 부실 감정으로 인해 손해를 볼 위기에 직면해 있었습니다. 손해배상 청구소송을 제기해 1심법원에서 G감정인의 감정결과를 받았으나, 결과적으로 F감정평가사와 비슷한 감정결과가 나와버린 것입니다. 이에 A축협에서 저에게 연락이 왔습니다. 자신들이 이러저러해서 항소를 하려고 하는데 좀 도와줄 수 없겠느냐고요. 말하자면 사감정 요청이 온 것입니다.

처음에는 감정료도 얼마 안 되는 건이고 해서 내키지 않았으나, 사연을 듣고 나니 들어주지 않을 수가 없었습니다. 살펴보니 제가 보기에는 고가 감정, 부실 감정이 분명했습니다. 대상 토지는, 좁고 구불구불한 도로를 한참이나 들어간, 대형 공장 건축허가를 받은 임야였습니다. 하지만 담보감정은 이미 공장으로 사용하고 있는 토지에 준해 명백히 고평가를 한 것으로 보였습니다. 물론 어느 정도 토목공사는 진행되었지만, 그 좁고 구불구불한 도로를 한참이나 들어와 있는 대형 공장은 수요성이 없습니다. 대형 트럭이 못 들어오기 때문이죠. 저는 기존 감정의 부당함을 조목조목 들어, 기존 감정결과가 약 11억 원이었지만 약 3억 원으로 감정평가서를 작성해 보내주었습니다.

이 외에도 저는 어쩌다 보니 기존 감정결과와 크게 다른 감정평가를 많이 한 감정평가사가 되었습니다. 말하자면 '감정평가사 잡는 감정평가사'가 되었습니다. 상대방 입장에서는 제가 아마 눈엣가시처럼 느껴졌을지도 모르겠습니다.

한때 인기리에 방영되었던, KBS 드라마 〈정도전〉에서의 명대사가 생각납니다. 이성계는 위화도 회군에 이은 개경 시가전에서 이겨 반란을 성공시킨 후 패장 최영 장군에게 다음과 같이 말합니다.

"오늘의 이 비극을 맨든 것은 장군의 독단과 오판이었수다. 내 하늘에 맹세코, 회군한 것은 힘없는 병사와 백성을 살리고자 한 거우. 그기 역적이라면, 좋수다! 내 역적 하겠슴메!"

한때 동지였던 최영 장군과 이성계였지만, 최영은 백성보다는 고려 왕조를 우선시했고, 이성계는 그렇지 않았습니다. 이성계는 한때 최영을 존경했지만, 대의를 위해 그에게 칼을 겨누지 않을 수 없었습니다. 물론 이성계 개인의 야심도 작용했겠지만요.

저는 이 책을 통해서도 기존에 제가 존경했던 감정평가사들의 오류를 많이 지적했습니다. 감정평가사들에게 '역적'으로 비춰질 수도 있겠습니다. 하지만 이제는 역적 운운할 시대가 아닙니다. 과거 10여 년 전만 해도, 감정평가의 전례는 마치 법원의 판결과 비슷한 힘이 있었습니다. 평가전례가 불합리한 가격이더라도, 이후에 평가하는 감정평가사들은 웬만하면 그에 맞추려고 했습니다. 저도 그랬습니다. 피해는 고스란히 잘못된 평가결과를 끌어안은 시민들의 몫이었습니다.

앞서 언급한 A축협의 두 번째 사례에서도, 안타깝게도 진실이 승리하지 못했습니다. 2심에서 담당 감정평가사는 용기를 내지 못했고, 종전 평가와 다른 결과를 내지 못했습니다. 결국 A축협은 또 패소하고 말았습니다(제가 보기에는 조합의 대처 역시 미흡한 점이 있었던 것 같습니다). 정말이지, 분노가 들끓습니다. KBS 드라마 〈태종이방원〉 제1회에 나오는 장면의 이방원처럼 말입니다.

대감 : 이정랑, 무슨 일인가?

이방원 : 퇴청하시기 전에 재결을 좀 받으려고 왔습니다.

대감 : 뭔데 그러나? 내일 하겠네.

이방원 : 하루도 미룰 수 없는 일입니다. 목숨을 잃은 관리들의 빈자리를 어서 채워야 정사의 공백을 막지 않겠습니까.

대감 : 못 들었나? 내일 한다 하지 않는가!

이방원 : 대부분은 왜구들을 토벌하는 무장들을 따라다니며 민심을 수습하던 관리들입니다. 어서 후임자를 정해야 왜구를 토벌하는 일에도 공백이 없을 것입니다.

대감 : 글쎄 내일 한다지 않는가!

이방원 : 오늘 전결을 내려주십시오.

대감 : (호통을 친다) 이정랑!

이방원 : 왜구들이 갓난아기를 죽여 배를 가른다고 합니다. 거기에다 쌀을 채워 승리를 기원하는 제사를 지낸다고 합니다. 한데 대감께서는 이런 일조차 내일로 미루십니까!

대감 : 뭐야! 아비가 역심을 품었다더니 너도 위아래가 아주 없는 놈이구나!

이방원 : 예, 맞습니다. 그 아비에 그 아들이라 하지 않소이까. 아버님이 반역을 도모하신다면 나도 기꺼이 거기 동참하겠소. 대감 같은 자들의 목을 벨 수만 있다면 나도 기꺼이 역적이 되겠소이다!

시민들의 억울함은 생각하지 않고 봐주기식이나 관행에 따라 희소가치가 높은 부동산에 대해 저평가를 행한 감정평가사들에게 고합니다. 그런 부동산을 소유해보셨나요? 만약 당신 소유의 부동산이라면 정말 그 가격에 팔고 다른 곳에 가실 수 있겠습니까? 또한 반대로, 희소성도 없고 매매도 되지 않는 부동산을 무지와 관행에 따라 높게 평가한 감정평가사들에게 고합니다. 만약 당신이라면 정말 그 가격에 사서 그에 걸맞는 수익을 창출하실 수 있나요? 그런 감정평가사님들이라면 부디 공부를 더 하시고, 저와 함께 봐주기식 평가관행과 부당한 평가를 타파해주시기 바랍니다.

제가 이렇게 이 책을 통해 강력하게 호소한다고 해서, 단번에 모든 것이 달라지기는 어려울 것입니다. 현 제도하에서는, 감정평가사의 평가결과에 의문이 제기되면, 결국 다른 감정평가사들이 판단하게 됩니다. 종국적으로는 법원에서 판단을 하게 되겠지요. 그런데 아직은 저 같은, 관행 타파에 나서는 감정평가사들이 거의 없는 것 같습니다. 봐주기식 관행 때문에 진실이 승리하지 못하고 있는 것입니다. 그리고 이러한 관행을 예리하게 인식하는 판사님들도 아직까지는 별로 없는 것 같습니다. 하지만 영영 그러하지는 않을 것입니다. 시대는 변하고, 진실은 결국 드러나게 마련이라고 생각합니다. 또한 진실이 명백하다면, 설령 소송에서 패소했다고 해도 재심의 가능성은 있다고 생각합니다. 참고로 '민사소송법' 제451조(발췌)는 다음과 같습니다.

제451조(재심사유) ① 다음 각호 가운데 어느 하나에 해당하면 **확정된 종국판결에 대해 재심의 소를 제기할 수 있다.** 다만, 당사자가 상소에 의하여 그 사유를 주장하였거나, 이를 알고도 주장하지 아니한 때에는 그러하지 아니하다.
7. 증인·감정인·통역인의 거짓 진술 또는 당사자신문에 따른 당사자나 법정대리인의 **거짓 진술이 판결의 증거가 된 때**
② 제1항제4호 내지 제7호의 경우에는 처벌받을 행위에 대하여 유죄의 판결이나 과태료부과의 재판이 확정된 때 또는 증거부족 외의 이유로 유죄의 확정판결이나 과태료부과의 확정재판을 할 수 없을 때에만 재심의 소를 제기할 수 있다.
③ 항소심에서 사건에 대하여 본안판결을 하였을 때에는 제1심 판결에 대하여 재심의 소를 제기하지 못한다.

시대는 계속 바뀌고 있습니다. 갈수록 정보는 더 많이 공개되고, 사람들의 지식 수준은 계속 높아지고 있습니다. 감정평가사들이 어떤 결과를 내놓아도 그런가 보다 했던 시대도 지나갔습니다. 모두가 진실 앞에 자유로울 수 없는 시대가 되어가고 있습니다. 바람직한 현상이라고 생각합니다. 용기 있게 종전의 평가결과와 크게 다른 결과를 내놓는 저 같은 감정평가사들도 늘어갈 것이라고 생각합니다. 봐주기식 평가, 관행에 따른 평가를 하는 감정평가사들에게 철퇴를 내리실 수 있는 판사님들도 늘어갈 것이라고 생각합니다.

한때 저는 감정평가사야말로 부동산 가치 판단에 있어 최고의 전문가라고 생각했습니다. 제가 보기에 이상한 가격(?)에 거래된 실거래 사례들은 상당히 많았는데, 모두 하나같이 투기성 거래이거나 초급매라고 생각했습니다. 그러나 그게 아니었습니다. 감정평가사인 제가 진정한 시장 가치를 몰랐던 것입니다. 이런 거만함(?)은 주식 투자 시에도 반영되어, 모든 주식 가격은 회계상의 숫자가 알려주는 내재가치에 수렴한다고 생각했습니다. 몇 배씩 오르는 주식들은 모두 과열이라고 생각했습니다. 그러나 실제 주식 시장에서는 새로운 기술력으로 떠오르는 기업의 주식 가격이 고평가 논란에도 불구하고 신고가를 계속 경신합니다. 10배 올랐다고 해서 그건 과열이라고 단정지을 수 없을 것입니다. 전문가라고 하는 소수의 사람이 평가하는 가격이 정답이 아니라, 시장에서 평가된 가격 즉, '세력'이 보는 가격이 정답인 것입니다.

부동산 시장에서도 마찬가지입니다. 일시적 과열이나 저평가는 있을 수 있지만, 대부분의 실거래가는 그 시점에 있어서 합당한 범위 이내에 있습니다. 토지 매수인과 매도인은 매매가격이 합당한 것인지에 대해 수많은 고민을 하지만, 감정평가사는 그 정도의 고민을 하지 않기 때문입니다. 바꾸어 말하면, 감정평가사들은 늘 시장 앞에 겸손해야 하며 가치 판단에 늘 신중해야 합니다.

물론 저도 마찬가지입니다. 저라고 해서 만물박사는 아닙니다. 저의 감정평가도 완벽하지 않고, 실수가 있습니다. 여전히 배울 점이 많다고 생각합니다. 대다수의 감정평가사들의 평가 결과 또한 대부분 합리적이라고 생각합니다. 다만, 타성에 젖은 감정평가, 서로 봐주기식 감정평가에 대해 경종을 울리고 싶을 뿐입니다.

혹시 이 책을 보시는 국회의원님들이 계신다면, 감정평가사들의 과중한 부담을 덜어주시기를 요청합니다. 그들도 한계가 있고, 인간인지라 실수가 있습니다. 감정평가사들이 혹 잘못된 평가를 한다고 해도 의뢰인의 지적에 따라 실수를 인정한다면 책임을 경감받을 수 있도록 해주십시오. 지금의 법령하에서는 감정평가사들에게 단 한 번의 실수도 용납되기 어렵습니다. 봐주기식 관행을 쉽게 버리지 못하는 이유 중 하나도 여기에 있다고 봅니다.

저는 소시민이자 감정평가사로서, 잘못된 감정평가로 억울한 일이 발생하지 않도록 저의 역할에 최선을 다하겠습니다. 희소성 높은 부동산을 소유하고 계시기에 억울한 평가를 당할 가능성이 있으신 분들은 언제든지 연락 주십시오. 함께 고민하겠습니다. 그리고 이미 억울한 평가를 당하신 분들 또한 희망을 버리지 마시고 연락 주시기 바랍니다.

그리고 혹시 이 책을 보시는 행정법원의 법관님들이 계시다면, 감정평가사의 평가결과가 언제나 타당한 것은 아님을 알아주셨으면 좋겠습니다.

감정평가에 이의 있소!

제1판 1쇄 2023년 11월 1일

지은이 정석
펴낸이 한성주
펴낸곳 ㈜두드림미디어
책임편집 우민정
디자인 디자인 뜰채 apexmino@hanmail.net

㈜두드림미디어

등 록 2015년 3월 25일(제2022-000009호)
주 소 서울시 강서구 공항대로 219, 620호, 621호
전 화 02)333-3577
팩 스 02)6455-3477
이메일 dodreamedia@naver.com(원고 투고 및 출판 관련 문의)
카 페 https://cafe.naver.com/dodreamedia

ISBN 979-11-93210-25-3 (03320)